中國禮俗研究

Studies on Chinese Ritual-customs

何 聯 奎 著

中華書局印行

黃序

何子星（聯奎）先生近以新著「中國禮俗研究」遠道見寄，並囑爲之序。匆匆拜讀一過，深覺此一專論，體大思精，文理樸茂，東西交融，由博反約，誠爲對中國文化探討之傑作。

概觀全書，內容共分七節，除導言與中國禮俗之背景外，對婚姻、喪禮、祭禮、節序、文物等禮俗，搜羅素材，如數家珍。其最重要者，厥惟以客觀態度，作歷史分析，折衷至當，尤堪欽佩。此書之出發點，以仁愛忠孝與科學技術爲中心觀念；而對於倫理精神與科學精神之並行發展，亦再三注意。此外，凡關於道義世界、藝術世界之眞諦，均已於各型禮俗中表而出之，實足以範世勵俗，振廢起衰。第七節所論古文物禮俗與技藝之關係，指爲商、周文化之特色，亦屬卓見。

默憶子星兄與余於「五四文化運動」前後，隨蔡孑民先師習美學、民族學於北京大學。其後，子星兄留學倫敦大學與巴黎大學，從馬凌諾斯基（B. Malinowiski）、傅谷納（P. Fauconnet）等民族學、社會學大師，研究有年。余則去美，前後三次，凡二十餘年，隨鮑亞士（F. Boas）、克魯伯（A. L. Kroeber）、杜威（J. Dewey）、克倫（H. Kallen）、桑戴克（L. Thorndike）、班思（H. E. Barnes）、吉庭史（F. H. Giddings）等老師宿儒，對於文化人類學、哲學、歷史學、社會學等，廣爲涉獵，然自問博而寡要，未達知識整合之目的，面對故人，常以爲憾。抗戰軍興之前數年，子星兄歸自歐洲，與余同執教於國立中央大學社會學系，獨以研究圖騰文化著稱，而有畬民圖騰文化實跡之發見，以證明此一文化具有世界普遍性。回憶前塵，恍同隔世。子星兄雖一度以摩頂放踵之精神，抱抗戰救國之大願，出而從政多年。然而生而不有，爲而不恃，長而不宰，功成而不居，依然不失學人本色。近年，肆力於古文物之研求，寫成「從民族學觀點論古器物中之饕餮」專論，對於當代中西漢學家、考古學家、藝術史家經過數十年之探究，議論不決之問題，提一新理解，自有其獨到之見。即此專論，看似平凡，亦不失爲學術之創作。現且更進一步，對於中國禮俗，以民族學研究方法，分析比較，作有體系之搜討，此於中國文化研究上又闢一新境界。

中國在商周時代，實爲禮治之邦。禮之起源，與習俗同其久遠。英國泰勒（E. B. Tylor）在百年前對於文化或文明下一定義，謂：「從最廣之民族學意義言，文化爲一複雜之整體，包括知識、信仰、藝術、道德、法律、風俗等。」禮俗，乃由風俗、習俗演變而來，爲文化特質之一，此當納入民族學或文化學研究範圍之內。然而，西方民族學家、文化人類學家、社會學家，雖注意民風（Folkway）、習俗（Mores）、風俗（Custom）、俗民文化（Folk culture）之研究，但摩根（L. H. Morgan）、泰勒以及其他學者，對於中國禮俗之自成進步之體系，反未作充分之注意。子星兄指出：「禮俗爲一種文化事象，有物質生活方面，有社會生活方面，有精神生活方面。人類之倫理道德觀念，亦莫不由此出發。文物制度在商周之開拓，更可以窺見古代科技之發展。」又指出：「禮是禮制、禮儀，具有政治制度、法律制度、社會制度與教育制度之涵義。禮因政治作用而建立，卽爲禮之政治功用。禮因促人類文化之發展，卽爲禮之文化功用。禮能防人惡而導人善，卽爲禮之教育與倫理之功用。禮能融合社會之習慣，保持社會秩序，卽爲禮之社會功用。」周公作禮以治天下，進入禮治時代。禮則樹立封建制度、宗法制度與井田制度基礎。又提及周代傳下之三種典籍，一周禮、二儀禮、三禮記。此三者，吾人深知周禮爲典章制度之本，儀禮爲動儀履行之則，禮記則闡釋禮之意義。以明禮與整部文化之關係。由此可見子星兄此一新著對於當代人類學、民族學、文化學與歷史學之眞空，有重大之補充。

民國六十年十月，美國社會科學研究會（Social Science Research Council）曾假加洲阿瑟拉瑪太平洋林園（Asilomar Pacific Grove）舉行中國社會之宗教與禮俗會議，有中、美、英、法、香港等地區大學教授及學人出席，提有許多論文，相互討論，可惜對中國禮俗未見有體系性、全面性、綜合性之表現與說明。今讀子星兄苦心孤詣之著作，彌覺其包含微視與巨視之觀察，與時人之片斷割裂者絕不相同。玆有數點認識，不妨提出，以供國人與治學者之指正：

第一，盧騷（J. J. Roussau）嘗言：人類演進之方向有三：㈠由自然（Nature）到文化（Culture）；㈡由獸性（Animality）到人性（Humanity）；㈢由感情（Affectivity）到知識（Intellectuality）。其言，徵諸中國之禮俗而益信。易經賁卦彖辭云：「剛柔交錯，天文也。文明以止，人文也。觀乎天文以察時變，觀乎人文以化成天下。」子星兄認爲：「宇宙間有人類必有俗，有俗必有禮，俗先於禮，禮本於俗。」又謂：「禮之來源，乃出於人類一種自然之表示，如叩頭跪拜，打恭作揖，後來變爲政治之工具，所謂禮，國之柄也。」禮既爲文化之特質，可見禮乃出於自然。此其一。人之初生，在邃古時代，從進化論觀之，尚未脫獸性。子星兄指出「節以明禮」，是以君子恭敬撙節，一切喪祭、節序、婚姻等禮俗，乃使人類由獸性昇華而爲人性之必要途徑。故中國文化，一經人性昇華之後，多講人道，少講物理。蓋中國向重人文，看重道理。而人道卽爲人所行之大道，而非獸類所行之獸道。此其二。人類基型之組織，乃爲家族。中國禮制，特重家族倫理，夫敬婦愛，父慈子孝，兄和弟睦，肇源於婚禮。其後，乃由感情更進而爲知性。子星兄指出商周之文物技術，見於青銅之禮器者，已備極發達。此亦證明禮俗是由感情進到知識。此其三。

第二，英名史家湯恩培（A. Toynbee）與英倫之羅馬俱樂部（Club of Rome）輓近相繼指出人類生存在生物之領域（Biosphere），一切天然物資，究有窮盡。人口幾何級數之增加，物質文化之無限擴展，究竟有其限度。倘無節制，久之終遭自然之反擊，而同歸於消滅。人口然，文化亦然。此種道理，老子早已知之，故云：「反者，道之動。弱者，道之用。」「聖人去甚，去泰，去奢」，而儒家制禮之用意，則以禮爲之「節文」。西方人研究文化，多注意文化外面之現象。迄乎晚近，斯賓格勒（Spengler）、素羅金（Sorokin）等興起，始覺文化之意義、價値與規範之重要，謂自然科學之方法，不足以盡研究精神與倫理世界之能事。湯恩培與德日進（Teilard de Chardin）謂精神領域（Noasphere）（倫理、藝術、宗教、思想）之發揚，可大可久，與生物領域之有窮有盡者，究竟不同。子星兄言禮制以仁愛忠孝爲出發點，而以「道」爲最高境界，一切禮制，不能離開「道」而存在。此一理論，正與湯恩培、德日進相類，可發人深省。所謂爲天地立心，挽將倒之狂瀾，救現代文化之危機，其意義當在於此。

第三，英國科學家李約瑟（J. Needham）謂人類科技有其普遍性（Universality）與綿延性（Continuity）。其實，中國之禮俗，自有其普遍性。子星兄指出禮爲人類行爲之規則，亦爲人類生活習慣之規範。所謂禮儀禮節便是。此卽指明禮有其普遍性，全世界人類皆莫之能外。其次，中國禮俗，雖始於商周，或商周以前，但其綿延性，正如子星兄所指出：「自周以降，迄前清末葉，歷數千年，幾全受封建勢力之支配，而家族社會，遂盤根錯節，幾不可動搖。」至宗法精神納之於制度，深入人心，積成習慣，舉凡中國人民自孩提以至老死，居家行事，無一不受宗法精神之支配。此種精神鎔合凝固，以鑄成中國家族社會之特性。由家族擴大而爲宗族，由宗族擴展而爲國族。」又云：「文物禮俗，由今思古，雖成陳跡，但其文化精神，可傳之於久遠，固有其歷史之價值。」此又足見禮俗綿延性之偉大。

抑前已言之，中國解釋禮制具有價值之典型著作，以禮記爲最著。禮記中庸篇，提出「允執厥中」之中道法則，此不僅中華民族文化之法則，亦爲文化學上之文化法則。以上所云社會文化之對立，正如孔子所謂「過猶不及」。孔子云：「道之不行也，賢者過之，不肖者不及也。道之不明也，知者過之，愚者不及也。」可見問禮於老刪之儒家開山老祖之孔子，對於中國禮俗，是求文質彬彬之中庸。至云「我無可無不可」，則爲求可否之中庸。再進一步觀之，禮記禮運篇，有「大道之行也」之言。此處所謂「大道」，卽爲世界文化與人類可行之大道。由此亦可以推知中國禮俗，其最高目的，在建立大同世界。此點意思，在子星兄以道寓於禮俗之中，此其爲道，亦卽「惟精惟一，允執厥中」之道，以及「貨惡其棄於地也，不必藏於己，力惡其不出於身也，不必爲己」的大同之道。

總而言之，中國數千年文化之傳統，有者爲人本主義與理智主義。一方特重倫理道德，一方兼顧科學技術。前者，有老子之自然主義，孔孟之人本主義，墨子之兼愛主義，可資證明。後者，有豐富之考古資料，發達之石雕骨雕，有精美絕倫之銅器藝術銘文，以及其他之重要發明，更信而有據。凡此一切一切自可於禮俗文物中表而出之，本書已詳乎言之矣。過去一切習俗禮俗，其中有屬於「時代錯誤」者，如封建制度、等級制度、迷信習俗等等，因爲經不起自然演化之甄檢，早已歸於淘汰沒落，有如落葉之遇秋風，一掃而不返。但中國禮之核心，畢竟爲倫理精神之所寄。今後中國文化問題乃至當代世界文化問題，歸結以言之，只爲道德秩序與科技秩序如何方能作適當之匯合。然而此中答案，吾人於本書中已可窺知其意義與梗概。世之讀是書者，在千載一時的新世紀之今日，可以興矣，可以興矣。

中華民國六十一年五月四日黃文山序於九龍珠海書院中國文史研究所

中國禮俗研究 目錄

中國禮俗研究

第一節　導　言

社會之間，有俗有禮，又俗中有禮（禮俗），這些事物，究竟是些什麼事象？就是說，俗的內容是什麼？禮的內容是什麼？概括的說，就是禮俗的內容是什麼？從知識的分解來說，俗是指民間的生活習慣，禮是指社會的行爲規範，禮俗是指人類的生活習慣中所具有的行爲規範。

其次，一種學術的研究，必有其科學上的寄託。禮俗研究，究竟寄託在何種科學的基礎上面？這是我們應認定禮俗研究在科學上所佔的地位。

一、禮俗研究與民族學之關係

上面我曾提到禮俗是些什麼事象。現從民族學的觀點來說，禮俗是一種文化事象。再說，民族學是研究文化的科學，簡言之，就是文化的科學(The Science of Culture)。民族學一詞，爲德、法所採用，德文稱爲 Völkerkunde，法文爲 Ethnologie

（卽英文爲Ethnology）。英美以民族學屬於人類學之中（Anthropology），和體質人類學對待而稱爲文化人類學Cultural Anthropology。禮俗跟民俗學，在字面看來，似很接近，但細察起來，禮俗研究，不能屬於民俗學，因爲民俗學不足以概括禮俗。現在科學的分類，愈分而愈細，愈細而愈專。但一種專門科學，名雖單純，實則複雜。因爲科學的發展，必有其他相關的科學相與配合會通。禮俗研究，不必獨創一科而另立爲禮俗學。禮俗研究，可納入於民族學研究範圍之內，亦卽列爲民族學研究之一環。我認爲這是很適當的。研究禮俗的，與民族學研究同樣有相互關係的則爲史前學、歷史學、考古學、文化學、社會學、民俗學、倫理學、政治學、法律學、器物學、心理學、工藝學、哲學等。研究禮俗的，對於上述有關的人文科學和社會科學，應注意加以涉獵。

二、禮俗與文化

文化，是什麼？文化，是指人類生活的模式（Mode of Life），亦就是一個民族生活的類型（Pattern of Life）。有低級和高級的不同。綜其類型，約有三種：一是物質生活類型，二是社會生活類型，三是心理生活類型或精神生活類型。（參考J.

Deniker: Les Races et les Peuples de la Terre, 1926; B. Malinowiski: What is Culture, 1931）。舉凡衣、食、住、行以及其他日常生活所需的器物或機械工具與生產，這些出於物質生活的要求和活動，故列於物質生活的類型。舉凡男女結合，男婚女嫁，羣居、家制，以及其他社會組織、政治組織、經濟組織，這些出於社會生活的或生存的要求和活動，故列於社會生活的類型。舉凡語言文字、學術知識、倫理、藝術、宗教信仰，以及其他節序娛情，這些出於心理生活或精神生活的要求和活動，故列於精神生活的類型。禮俗這一種文化事象，是從這三方面表現出來。因此，研究禮俗，須從這三類型去探索。

三、禮俗之科學的研究

科學的研究，有三要素：一要有研究的對象，這裏所指的研究的對象，就是禮俗文化事象，上面已經說過。二要有研究的精神(要用心思)。三要有研究的方法。研究工作有四步驟：一、對於每種事象，予以深切的觀察，而有深切的認識。二、對觀察所得的事象加以分析比較。三、對分析所得的結果，推理而成概念。四、綜合許多概念而歸納爲一個理論。研究工作者，要把理論對一切事象加以演繹實驗。如果實驗有結果，這理論便可成立了。總而言之，這四步驟，概括的說，就是：一、觀察，二、分析，三、推想，四、實驗。所謂眼到、手到、心到就是。這種科學研究的要領和方法，可應用到禮俗研究上了。

四、歷史上中國文化之觀察

我確定的說，禮俗是一種文化事象。中國禮俗，淵源於中國文化，所以，吾國禮俗文化，源遠流長，對於文化的演進，應有深切的了解。

列子楊朱篇：「楊朱曰：太古之事滅矣，孰誌之哉？三皇之事，若存若亡，五帝之事，若夢若覺，三王之事，或隱或顯而不識。太古至於今日，年數固不可勝紀。但伏羲以來，三十萬歲，賢愚好醜，成敗是非，無不消滅。」

馬驌繹史云：「陽子居之言曰：『太古之事滅矣，孰誌之哉？』屈原曰：『遂古之初，誰傳道之？』三復斯言，而稽古之難信，考論者之無徵也。夫二子者，生當周季，去古未遠，而已嘆古初之莫紀。矧百世以下，遭秦燔滅之餘，而妄稱上之遺事，豈不亦迂誕哉！」

以上所引的兩段話，是說明，遠古之事，林林總總，原始的人羣文化，若有若無，陳跡銷沉，渺不可得，近世科學發達，技術進步，研究方法，亦復精明。要知道，中華民族，發源於中土，而有獨立創造的文化，其文化悠長深厚，是無可否認的。在探其文化演進之跡，可憑考古學、史前學和民族學的方法，由歷史時期追溯到史前時期。史前時期，是指人類活動在有文字紀錄以前的一段漫長歷程。歷史的基礎，雖然建築在文字紀錄之上，但在沒有文字紀錄以前的人羣文化，另有其他重要的直接史料。這直接史料，就是埋在地下的文化遺蹟遺物。美國學者洛弗（B. Laufer）說：「增進吾人對於中國古史之知識，唯一希望，在於鐵鏟而已。」其意，就是說，要用鐵鏟向地下去發掘直接史料。

近五十年來，我國史前考古學，對於始石器和舊石器時代的文化，有連續的重要的發現：一、是五十萬年前的北京人，已有文化生活。這文化，斷爲始石器時代的文化。二、是河套文化，距今約十萬餘年。三、是小南山文化，距今約五萬餘年。由於時間的累積和文化的孕育，又有山頂洞文化，距今約二萬餘年。這三類文化，斷爲舊石器時代的文化。再循此文化不斷的發展，接着有新石器時代的仰韶文化，距今約四千五百年；又有龍山文化，斷爲新石器時代晚期的文化。始石器和舊石器時代，是一個漫長的時代，人羣只知獵獸捕魚，採集植物以爲生活資料。所以這時代稱爲未開化期或漁獵時代。新石器時代，已有農牧基礎和社會組織；到後期，已入於有史時期；接着有銅器時代、鐵器時代，卽進了文明時代。這時期，稱爲開化期或農商時代。中國歷史，是一條很長的鍊，始石器時代、舊石器時代、新石器時代、銅器時代和鐵器時代，都是這條長鍊上的一環。我國先民艱難締造，經過這幾個演進的階段，獨創燦爛的古文化。

我國古文化，所可根據的，不外是直接史料和間接史料。在研究方法上，可用直接史料參證間接史料。凡有文字紀錄或圖錄，統歸之於文獻，這就是間接史料。史前時期的人羣文化，憑着許多年代的口耳相傳，後來用文字追記下來，便成爲上古的故事傳說。這類故事傳說，亦有可視爲切近事實的史料。

中國的歷史，史記託始於黃帝，尙書開始於堯、舜。歷代自堯、舜以至夏、商、周都以黃帝爲遠祖。現在一般人，都知道我國有五千年的歷史和文化。依我的設想，這一史齡，猶以爲未足。可循歷史上文化演進之跡，就圖騰文化去探索，我國的歷史年齡，不止五千年，還可以向上推考追溯，延伸多少年代。吳稚暉氏曾有「我中華民族約有六千三、四百年」的假定，亦不無所見。不過這一史齡問題，尙有待乎考索。

從民族社會史上觀察，人羣在原始時代，置身狉榛社會中，爲適應環境，抵抗自然界的壓迫，就依着狩獵捕魚的需要而求生存。這種集團，尙乏社會組織意識，只是共營動物般的羣居生活（Horde）。由於時代的變遷和社會的演進，而始有氏族組織的形成，由氏族發展而爲部族，再由部族發展而爲民族。氏族、部族和民族，是社會組織上一種連續不斷的程序，由一種形式發展爲另一種形式。部族是國家的雛型，民族是國家的核心。所謂民族，就是以血統、生活、語言、宗教、風俗習慣等相同而結合的人羣。黃河流域，是中華民族發祥地，無論在考古學上或歷史記載上，都可以確實的證明。五千年前，我們的祖先都住在中國這塊本土上，我們的血統雖不完全相同，但由於五千年來各個族類的融合和同化，已經不容易分別血統的差異。我們的生活方式、風俗習慣等，雖然各地不甚相同，但也沒有多大的差異。民間的信仰和風俗習慣，就是我國歷史上最顯著的禮俗文化。舉例來說，殷商時代的庶物崇拜和羣神崇拜，正是當時人民的信仰習慣。因爲尙鬼敬神，所以無論事的大小，都要取決於占卜。禮記表記篇：「殷人尊神，率民以事神，先鬼而後禮。周人尊禮尙施，事鬼敬神而遠之」。商周二代，一個是先鬼而後禮，重在神本的鬼治；一個是事鬼敬神而遠之，重在人本的禮治。這不過舉例略作歷史上禮俗的觀察而已。

五、論　俗

俗，指風俗、習慣（生活習慣）。俗的構成，有三原素：1.人，2.土，3.生活。人，是俗的中心。土，是人所寄生的地域，就是地理環境。生活，是人求生的活動。影響這活動的，是社會環境，或文化環境。

先說「俗」和人的關係：在社會人羣中有所謂人類，有所謂民族。這有什麼分別？人類，是指整個世界的人而言。民族，是指具有幾種共同條件的一部分而言，一個民族結合而成的共同條件，主要的約有四種（孫中山先生說，有五種自然力，我把風俗、生活習慣併在一起，故稱爲四種自然力——共同條件）：一、血統；二、語言；三、宗教；四、風俗習慣。換句話說：這四種共同條件，卽是四種自然力；合起來說，就是一大自然力。因爲這四種力，是天然進化而成的，所以叫做自然力。就民族學或社會學觀點來分析，血統，是生物的原素。語言、宗教、風俗習慣，是文化的原素。有的民族，不一定是血統的共同體，而是這一民族中由各族類融合而成的混合體。例如，中華民族，包括漢、滿、蒙、回、藏、徭六族，加上臺灣省的「山地人」（高山族），共七族類，成爲國族。所以，中華民族，是血統上的混合體。以共同的或混合的血統爲基礎的民族，在共同的社會環境、文化環境中，經長期的共同生活，逐漸養成各種生活習慣。這種生活習慣亦卽是社會習慣。社會習慣就是風俗、習俗，有其歷史背景、地理背景、社會背景和文化背景。

上之所述，是說明「俗」和民族的基本關係。下面接着說在古文獻上關於「俗」的解釋。

俗，卽生活習慣，卽社會習慣。一種社會行爲，或文化行爲，行之又行，常恆如是，久之自成習慣，通常所謂「習慣成自然」，所謂「習以爲性有若自然」，這就稱之爲生活習慣，或社會習慣。稱之爲風俗或習俗，亦無不可。

說文：「俗、習也。」周禮大司徒篇：「以俗敎安，則民不愉。」鄭康成注：「俗，謂土地所生習也。愉，謂朝不謀夕。」賈疏云：「俗謂人之生處，習學（後天習得的，意謂習慣）不同。若變其舊俗，則民不安而爲苟且。若依其舊俗化之，則民安其業，不爲苟且。故云：以俗敎安，則民不愉。愉，苟且也。」禮記王制篇：「凡居民材，必因天地寒煖燥濕，廣谷大川異制，民生其間者異俗。剛柔輕重遲速異齊，五味異和，器械異制，衣服異宜。修其敎，不易其俗；齊其政，不易其宜。」這都是說明百姓生長其土地，一切行爲習慣（所習之事），順他的習俗去敎化他，那麼，百姓就安了。再引曲禮中一句話，說是「入國而問俗」。鄭注：「俗，謂常所行，與所惡也。」綜上所說，俗，就是人和土地和生活交接交織所生的習慣。但因地理環境不同與好惡不同，其習慣各有不同。古語說：「千里不同風，百里不同俗。」中國地區廣闊，縱橫之間，隔以千里的，隔以百里的，難以數計，各自爲風，各自爲俗，風俗之不同，未有如中國之甚。其所以致此的，就是各有其歷史背景、地理背景（包括氣候）、社會背景、文化背景，而各異其質。但異中亦有其同。卽不同之中，亦有相類相似的地方。

我以爲生活習慣、社會習慣、風俗、習俗、民俗、風土等名詞，都可以通用。有的學者把民間的信仰、習慣等流行於文化較低的民族，或保留於文明民族中的無知識階級者，稱爲民俗。這種觀念，於今看來，似不適合時代了。或者，把低級的生活習慣列爲風俗中的特別習俗，較爲合理。習俗，在價值判斷方面，有違反倫理的，則爲惡俗、薄俗、澆俗。

人類的生活，細分之，有三方面：一爲物質的現象，凡是有關日常生活所需以及工藝、生產等，皆屬之；二爲社會的現象，凡是有關種族綿延以及社會組織等，皆屬之；三爲心理的現象，凡是有關宗教信仰以及節序娛情等，皆屬之。人羣在各種生活中，有其共同的行爲方式，而養成共同的習慣。這種共同的習慣，形成社會的習慣，就是風俗，亦就是習俗。寄生在同一土地上的人羣，彼此人事交織，相習成風，相沿成俗，這就謂之風土。由於這一解釋，則風土的意義，與風俗、習俗的原意，實在並無二致。故風俗、習俗、風土三名詞，廣義言之，有其通確性，可並用而不悖。

六、論　禮

禮，是我國數千年歷史的核心，具有我國一切文化現象的特徵。其涵義複雜，其範圍很廣。凡關國家的典章制度、社會的生活習慣、個人的行爲規範等，都包含在內。試申述禮的本質及其所涵的意義。

1.禮，體也。禮記禮器篇：「禮也者，猶體也。體不備，君子謂之不成人。」禮，如同人之身體，人無體，根本不成其爲人。所以，拿禮比人的身體，就是形容在國家方面，禮是立治之本，在個人方面，禮是治身之本。禮記曲禮篇：「道德仁義，非禮不成；教訓正俗，非禮不備；分爭辨訟，非禮不決；君臣上下，父子兄弟，非禮不定；宦學事師，非禮不親；班朝治軍，涖官行法，非禮威儀不行；祠禱禁祀，供給鬼神，非禮不誠不莊；是以君子恭敬撙節退讓以明禮。」又禮記哀公問篇：「孔子曰：

丘聞之，民之所由生，禮爲大。非禮無以節事天地之神也，非禮無以辨君臣上下長幼之位也，非禮無以別男女父子兄弟之親，婚姻疏數之交也。」於此可知禮的本體，在社會組織、政治組織中，佔有重要的地位。

2.禮，序也。禮記樂記篇：「禮者，天地之序也。」序卽秩序。禮之用，在使異者有別，紛者有序。有別有序，就是治，無別無序，便是亂。禮記曲禮篇：「禮者，所以定親疏，決嫌疑，別同異，明是非。」「有別有序」，就是用禮軌範人的關係，和節制人的行爲之作用。

3.禮，履也。說文示部：「禮，履也。」禮記祭義篇：「禮者，履此者也。」荀子大略篇：「禮者，人當履之。」易經序卦傳：「履，足所依也。引申之，凡所依皆曰履。」綜此所云，可解釋爲：禮，是人的行爲所依據的種種之法則；禮的精神，是要人本乎行爲法則，切切實實地去做，不要言是心非，空口說白話。所謂「言而履之」，「踐而行之」，就是踐履篤實，言出必行的意思。

4.禮，理也。禮記仲尼燕居篇：「禮也者，理也。君子無理不動。」這是說，禮所踐履的，必合乎道理。白虎通情性篇：「禮者，履也，履道成文也。」依種種道理而制成人所踐履的一切儀文，這就是禮，亦可說是儀禮。禮記經解：「朝覲之禮，所以明君臣之義也。聘問之禮，所以使諸侯相尊敬也。喪祭之禮，所以明父子之恩也。鄉飲酒之禮，所以明長幼之序也。婚姻之禮，所以明男女之別也。夫禮禁亂之所由生，猶防止水之所自來也。」君臣間應有義，故有朝覲之禮；諸侯間應互相尊敬，故有聘問之禮；長幼間應有序，故有鄉飲酒之禮；男女間應有別，故有婚姻之禮；父子間應有情，故有喪祭之禮。因此，先聖訓禮爲理，是很合乎道理的。

5.禮，養也。荀子禮運篇：「禮起於何也？曰：人生而有欲，欲而不得，則不能無求。求而無度量分界，則不能不爭。爭則亂，亂則窮。先王惡其亂也，故制禮義以分之（分貧富，別貴賤），以養人之欲，給人之求，使欲必不窮於物，物必不屈於欲，兩者相持而長，是禮之所由起也。」其意，以爲人生而有欲，有欲不能不爭，故用養和分的方法，以節制人的欲望而遏止其利慾的爭奪。禮，就是這種養和分的手段，亦即用禮而規範人的行動，所謂養，即調節之意；分即爲階級之分。

總而言之，禮的來源，是出於人類一種自然的表示，如叩頭跪拜，打恭作揖，對神表示崇拜及對人表示敬意。說文解字：「禮，所以事神致福也。」即指禮初出於原始宗教之信仰。再說，脫帽舉手，也是一種對人表示無抵抗的姿態，即爲屈服的表現。凡此都是從對神對人表示敬畏的情感而自然發生。這是禮的原義。自後發展而有祭天祀祖的故習，這也發生於敬天畏命的觀念。所謂「禮之始也以祭」，即起於事神的關係。今人皆謂肇始於夏商的祭儀。這因古人好鬼，有直接間接的史料可考。到了西周「禮之變也以政」，於是由神秘的祭儀一變而爲政治的工具，所謂「禮，國之大柄也」。

禮，是禮制，禮儀，具有政治制度、法的制度、社會制度和教育制度的涵義。禮的功用，亦寓在其中。禮因政治作用而建立，就是禮的政治功用。禮因促人類文化的發展，就是禮的文化功用。禮能防人惡而導人善，這是禮的教育和倫理的功用。禮能融合社會習慣，保持社會秩序，這是禮的社會功用。

七、論禮俗

禮記禮運篇：「夫禮之初，始諸飲食，其燔黍捭豚，汙尊而抔飲，蕢桴而土鼓，猶若可以致其敬於鬼神。」（馬宗霍說文解字引經考自序云：「古者樸略，蕢桴土鼓，田家作苦，勞者思宣，我稼既同之餘，朋酒斯饗之會，述田事而作歌，即擊田器以爲樂，理勢之適然者也。」）這是原始的禮儀，是從飲食的爲習慣開始說明。俗，只具有社會習慣的本質，和禮發生密切的關係，這就是禮俗。

宇宙間，有人類必有俗，有俗必有禮。易經序卦傳：「物畜然後有禮。」這是古籍中最明確的啓示。俗先於禮，禮本於俗。熱帶的人，爲適應地理環境，而裸體以抗熱。怕羞，是人類的本能，爲適應社會環境而借物遮羞掩醜。遮羞掩醜，是禮的表示，這是一例。姑舉這例以說明俗是怎麼來的，禮是怎麼產生的，以及這兩者之間的關係。

俗，是社會的習慣，禮，是社會習慣的規範。以禮節俗（節制、控制），則爲禮俗。禮俗云者，是說習俗之中有禮的成份。以衣著爲例，衣以護身（蔽體）出於自我生存的要求，爲人人所同習，這是一種習俗，但衣必求乎整潔（參加主要的典禮，另有服裝的規定），這是禮俗。又以婚配爲例，男婚女嫁，出於種族生存的要求，爲人人所共習，這是一種習俗，但婚嫁必行之以儀式，這是禮俗。

周禮天官冢宰篇：「禮俗以馭其民。」經解云：「禮則上之所以制民，俗則上之所以因民。無以制民，則政廢而家殊俗；無以因民，則民偷而禮不行。故馭民當以禮俗，而民之所履，惟禮俗之從而已。若夫人自爲禮，莫之統一，家自爲俗，無所視（見之意）效，則非所以馭其民也。」這段話，是進一步的道出禮俗的政治功用。

俗、禮和禮俗三者的意義和性質，已作扼要的分析。俗先於禮，禮本於俗，這是說明禮離不開俗，禮是以俗爲基礎的；俗既有禮的成分，則俗就形成爲禮俗。所以，禮和俗可歸入禮俗研究範圍之內，而成爲禮俗研究之一體系。

八、禮的內容與禮俗研究

從我國傳統文化的演進上觀察，自上古以來，積無量數的經驗，以至周朝，建立了精神的、社會的、物質的種種文化的基礎。所謂封建制度、宗法制度和分田制度，都是那時代政治社會上的特徵。周公作禮以治天下，這時期就進入禮治政治的時代。禮是「國之柄」，「國之幹」；禮治，是以禮治國，以禮致太平。周朝禮治所流傳下來的，有三種典籍：一、周禮；二、儀禮；三、禮記。周禮，是周朝政治典章之書，就是建國的規範。二、儀禮，是人事禮儀之書，就是社會的規範。三、禮記，是記述禮的制度，解釋儀禮的經義，闡明禮的義理。周禮一書，是將百官所掌，分別記載，以明一代的制度。周制，設六官，使率其所屬，分掌各職。六官，是太宰、司徒、宗伯、司馬、司寇、司空，亦卽隋唐以後，吏（內政）、戶（財政）、禮（教育或文化）、兵（軍事）、刑（司法）、工（經濟）六部。大宗伯所掌的，是有關於禮俗文化的「禮」部分。這禮，就是儀式，亦就是社會的規範。據周禮大宗伯篇所稱：吉禮之別十有二，凶禮之別五，賓禮之別八，軍禮之別五，嘉禮之別六，共計三十六項。都屬王朝天子的禮。至於諸侯卿大夫士的禮，沒有提到。（按：卿，官名。三代之官，以卿、大夫及士爲等級。大夫，官名。三代之時，天子及諸侯皆置之，位卿之下，士之上。士，官名，邑宰。）儀禮一書，周公爲侯國而作，或記侯國之士禮，或記侯國的大夫禮，乃爲周禮的節文，類別十七：一、士冠禮；二、士婚禮；三、士相見禮；四、士喪禮；五、士虞禮；六、鄉飲酒禮；七、鄉射禮；八、燕禮；九、大射；十、聘禮；十一、公食大夫禮；十二、覲禮；十三、喪服；十四、既夕禮；十五、特牲饋食禮；十六、少牢饋食禮；十七、有司徹。儀禮所記，士禮最詳。大夫之禮，僅有祭禮，諸侯之禮，僅有覲禮。其他若大夫之婚禮、喪禮，諸侯於邦交上相饗相食之禮，一無所載。以五禮歸納之，則特牲饋食禮、少牢饋食禮、有司徹，屬於吉禮。士喪禮、喪服、既夕禮、士虞禮，屬於喪禮（凶禮）。士相見禮、聘禮、覲禮，屬於賓禮。士冠禮、士婚禮、鄉飲酒禮、鄉射禮、燕禮、大射、公食大夫禮，屬於嘉禮。軍禮獨缺。吉禮，是祭祀之禮。喪禮，是居喪之禮。賓禮，是交際之禮。嘉禮，是喜慶之禮。

禮記一書，爲孔門弟子及其後學者記禮之作。其中十之七八，記述禮的制度和解釋儀禮的經義。至於闡明禮之義理的，則有禮運、禮器、表記、坊記、中庸、學記、樂記、經解、儒行、大學諸篇。

綜合三禮所載的內容，可別爲兩部分：一、關於周朝政治典章的，只能作爲中國政治史的研究資料。二、關於社會規範的，可供中國禮俗上歷史的研究。

禮的根源，原爲古初事神致福的種種儀節。跟着古初尊崇天神地祇人鬼的儀式和活動，發展爲後世的祭禮。跟着喪葬弔恤的儀式和活動，發展爲後世的喪禮。跟着朝覲合同的儀式和活動，發展爲後世的賓禮。跟着婚姻賀慶飲食燕射的儀式和活動，發展爲後世的嘉禮。由於時代的推移和文化的演變，再發展爲現代的日常禮儀，以及婚喪祭祀歲時節序生育壽誕交際集會等禮節。

現行種種的禮節，在國民生活上、社會活動上，能否發生合理的效用；而在國民生活上、社會活動上，是否循乎一定的規範，蔚爲正常的禮俗？都是值得研究的。

中國禮俗，有其多方面的特質。應從文化方面、社會方面、倫理方面，以至於器物方面，作客觀的探索和科學的研究。

第二節　中國禮俗之背景

中國禮俗，在歷史演進上，有其社會背景和文化背景。析言中國社會的特質，以明其社會背景。析言中國文化的特質，以明其文化背景。

一、中國社會之特質

（一）原始社會之形態及其演變

人類社會的演進，是從游羣(Horde)進到部落、氏族，從氏族進到家族。房龍(H. Van Loon)說：「原始時代，什麼都簡單。」在遠古時代，未開化的地區中，地面遼濶，人口稀少，而人類知識幼稚，生活簡單，他們都在自然狀態中生活。在食的方面，則摘果採根，捕魚獵獸，甚至茹毛而飲血，無擇食的必要。在衣的方面，熱帶的人，則赤身裸體，今天許多原始人類，依然如是。寒帶的人，也不過是披樹葉，着獸皮而已。在住的方面，是穴居或樹巢，只為蔽風雨，避猛獸和蟲害。

我國原始社會經濟生活，散見於諸子百家之著述的很多，雖屬出於傳說，要其合乎現代人類學之發見，殆不可否認。關於採集經濟階段，有左列的傳說：

莊子盜跖篇：「古者，禽獸多而人民少，於是民皆巢居以避之，晝食橡栗，夜栖土木，故命之曰有巢氏之民。」

禮記禮運篇：「昔者，未有宮室，冬則居巢窟，夏則居橧巢，未有火化，食草木之實，鳥獸之肉，飲其血，茹其毛；未有絲麻，衣其羽皮。」

韓非子五蠹篇：「上古之世，人民少而禽獸衆，人民不勝禽獸蟲蛇，有聖人作，構木爲巢，以避蟲害，而民悅之，使王天下，號之曰有巢氏。」

班固白虎通義：「古之民未有三綱六紀，人民但知其母，不知其父，能覆前而不能覆後，臥之詓詓，行之吁吁，飢卽求食，飽卽棄餘，茹毛飲血而衣皮革。」

以上所擧，皆謂吾先民曾穴居巢棲，以避毒蟲猛獸，人皆食草木之實，鳥獸之肉，未知火化，俱屬生食。而後先民發見爲火燒死的動植物，取而食之，覺其可口，遂知火對於食的功用。火不僅于食物發生熟食的功用，而對于人生其他方面亦有裨益。于是有取火方法之發明，吾先民之發明取火方法及火之運用，有如左之傳說：

韓非子五蠹篇：「上古之世，民食菓蓏螺蛤，腥臊惡臭，而傷害腹胃，民多疾病。燧人氏作，鑽燧取火，以化腥臊。」

劉向風俗通義：「燧人鑽燧取火，炮生以爲熟。」

尸子：「燧人上觀星辰，察五木以爲火。」

此等記載，可知先民取火之方法與取火之用意。取火方法有二：一爲鑽木取火。原始社會之取火法究以「取自石」爲先，抑以「取自木」爲先。以意度之，當以取自石爲先。莊子外物篇所謂：「木與木相擊則然。」究屬稀有。而石與石相擊則然，自較普遍。在原始社會之石器時代，用石取火，易於了解，故較先。取火之目的，在化腥臊，而去疾病，則各傳說，皆趨一致，自屬可信。

還有一點要說的，人類本是社會的動物，其克服自然的意識很強。當人類沒有知道用火的時候，人在自然界中眞是一個弱者，一切毒蛇猛獸都可以侵害人，自知道用火以後，人類明白自己是這一世界裏的最強者。

在原始蒙昧時代，人類在性的關係方面，是很自由的。或是雜交，或有羣婚習慣。在這種種的情狀之下，人羣過的生活，是游蕩的集體生活，差不多都是依賴天然。取之天然。既沒有私人財產，又沒有什麼組織。因爲知識幼稚，鬼神觀念，又特別濃厚。這幾點，可說是原始社會的通則。

由採集經濟而進於畜牧、農業經濟，則有左列古籍的記載：

易傳繫辭：「庖義氏作，結繩而爲網罟，以佃以漁。神農氏作，斲木爲耜，揉木爲耒，耒耜之利，以教天下。」

白虎通義：「伏義仰觀象於天，俯察法於地，因夫婦始定人道，畫八卦以治天下。」

白虎通義又云：「古之人民，皆食禽獸肉。至於神農，人民衆多，禽獸不足，是神農因天之時，分地之利，制耒耜，教民農作，神而化之，使民宜之。」

凡此傳說，皆言吾先民由採集經濟而進入於農業經濟。在這轉變中，人口不斷的增加，天然產物，不足以供應繁殖後人口的需要。再則，由於人民知識的長進，生活上的欲望，隨之而增高。在這情形之下，不能不經營畜牧，從事耕種，而更有物品交易。這是和新石器時代人類生活相吻合的。據河南澠池縣仰韶村地下之發見，在新石器時代，農業已相當發達。安德生氏（Dr. J. G. Anderson）著中華遠古之文化說：

「據石器之大者觀之，如耨爲鋤，可知該時代已有農業矣。更有石或泥燒製之圓錠，作紡織上合線底錘之用。紡織材料當出於植物，可知當時已有種植矣。

又如陶器上之印文，有繩印在。其繩，顯係苧麻所製之繩，亦可顯見其時已種苧廡。」

據安德生之所引證，仰韶時代，距今當在五千年至八千年之前，較吾國傳說中之黃帝時代爲早。汲冢周書所載：「神農作陶冶斧斤，爲耜鉏耨（製造耜耨，必用磨得鋒利的石斧、石刀、石鑿之類。），以墾草莽，然五谷興，以助菓實。」這與安氏之論，頗有相合之處。

綜合言之，有巢氏教民「構木爲巢，以避羣害。」這是發明了房屋。燧人氏教民「鑽木取火，以化腥臊。」這是發明了熟食（火食）。伏羲氏教民「田漁取牲，以充庖廚。」這是發明了畜牧。神農氏教民「農作紡織，各得其行。」這是發明了農業。這四大發明：房屋、火食、畜牧、農業，這一人類生活文化的演進，其中決不是發明於一人或一時，必需經過漫長的時間，積衆人的經驗，方屬可能。所以古代傳說上的有巢氏、燧人氏、伏羲氏、神農氏，四位聖人，事實上是把每種發明進化階段，集中在一人身上作爲代表象徵而已。現把這些傳說，對證舊石器以及新石器時代，可以窺見人類生活演變的狀況。

據人類學者言，農業發明於婦女，因在採集經濟時代，男人獵捕動物，婦人採取植物的菓實莖根。婦女採取植物的經驗積之既久，遂知植物生長與成熟之程序，而發明培植的方法，爲農業樹基礎。我國農業萌芽於採集經濟，自屬通例。其取採集經濟的地位而代之，當在神農時代。

農業生產發生之後，人民的生活方式便起了莫大的變化，而尤其重要的，就是財產的觀念。由於農業生產的固定的狀態，合作的要求，財產的處理，就必然需要兩性的結合，婚姻制度因之而成立。還有一點，婚姻觀念，亦基于子女的血統關係而產生。子女的血統關係，在雜交或羣婚的情況下，是無法辨認的，只有有了個人的婚姻，然後血統關係，才能確定，而私人財產的繼承，才能適應家庭生活的需求。由此可知，婚姻制度也是跟着私有財產而起，這是農業社會中自然發展的現象。

(二) 部落、氏族

眞正的社會組織，是由散漫的游羣，演進而爲部落、氏族組織。

由採集經濟時代進於農業經濟時代，人種繁殖了，民族複雜了。人種，含有體質人類學與生物學的意義。民族，含有文化與政治的意味。人種，是指某一定種屬之地域的形態，而這種屬則爲共有其體質的與精神的遺傳的特質者。民族則爲人類的一大羣，包含許多人種的混合血系，共同保持其獲得的文化財產。

民族中有部族（Tribe）或部落。部落中的人，是有一個共同的地域，說着一種共同的言語，並有其共同的生活（習俗）習慣，有其單純的政治組織。一民族中有不少的部落，各部落各依其生活習慣而自成部落。部落是一個比較簡單的社會團體，具有政治性的素質，簡直是一個政治的團體，而不是家族的團體。

部落是社會組織中一個較大的單位，其中包含有氏族。這就是說，一個部落有幾個氏族，亦就是說，一個部落可以分成幾氏族。從歷史的觀點上去觀察，人類最初的社會組織，便是氏族。氏族可說是部落組織的基礎。一個國家，是從部落中演變出來，其演變的過程，便是把若干部落聯合起來，成爲一個較大的團體——政治組織。因此看來，氏族和部落，就是形成社會國家的雛型。各部落擁戴一氏作爲他的領袖，稱爲某某氏。這些領袖的傳說，到了後世，追記下來，便被稱爲皇帝或君王。我國古代傳說中，有巢氏、燧人氏、伏羲氏、神農氏、有熊氏、金天氏、高陽氏、高辛氏（見史記五帝本紀），帝鴻氏、縉雲氏、共工氏、大庭氏、御龍氏、豕韋氏、豢龍氏、烈山氏（見左傳），有嬌氏、彤魚氏（見國語），伊耆氏、女娟氏（禮記），西陵氏、蜀山氏、滕隍氏、竭水氏、鬼方氏、有邵氏、有娀氏、無懷氏、朱襄氏、葛天氏、陰康氏、史皇氏（見大戴禮記、管子、呂氏春秋、莊子、列子）等，見於記載的，不可勝數。相傳孔子登泰山，看到古代易姓的王，可以數得出來的有七十二氏，無法數的還有萬餘氏。（見韓詩外傳、史記封禪書。）古孝經緯說：「古之所謂氏者，氏卽國也。」中國遠古史前傳說記載，無部落之名，但所稱爲某氏，如有巢氏、燧人氏、伏羲氏、神農氏，卽是某國，也就是部落。氏，就是國，萬，代表大多數。萬氏，就是萬國，是指許許多多的部落。有史以後，把這些部落稱爲「萬國」、「萬邦」或「萬方」，並且都成了後世封建時代的諸侯（見史記五帝本紀，尙書堯典、臯陶謨、論語等）。

上古部落林立，氏族衆多，漢族蕃衍於黃河兩岸，北有獯鬻，江漢區域又有九黎三苗，相傳神農和黃帝，同爲少典的後裔，都是漢族。神農氏，姜姓，起於烈山（今湖北隨縣），號稱夏帝，都陳，後遷曲阜，是當時各部落擁戴的共主。傳了八代，到榆罔的時候，有兩部落強大起來，一個是漢族的黃帝軒轅氏，一個是九黎族的首領蚩尤。神農氏漸漸衰弱。各部落相爭，江淮流域，也被黎苗民族佔據。蚩尤善於用兵，鑄銅爲兵器，進攻神農氏，直趕到黃河以北，黃帝於是徵集了各部落的軍隊，創作弧矢兵車，立旗麾，設鼓角，聲勢浩蕩，和蚩尤大戰於涿鹿（今察哈爾涿鹿縣），擒而殺之。各部落乃擁戴黃帝，代神農氏爲天下共主，建國於有熊（今河南新鄭）。黃帝又北逐獯鬻，在釜山（涿鹿西南）召集各部落的首長，加以約束。從此黃帝的權力更為強大，漢族便開始確立了國家的規模（見史記五帝本紀、通鑑外紀、逸周書）。

上引傳說中幾點部落形態和黃帝與蚩尤兩大部落戰爭的例，以說明吾國部落、氏族的本質及其關係。

氏族與部落之不可分：有部落必有氏族，有氏族必有部落，二者有連帶關係而不可分。部落是政治團體，氏族是社會團體，亦可說是人倫團體（倫理團體），家族是社會組織的單元（單位 unit），是氏族組織的核心。所以家族是社會團體的小單位，亦是人倫團體。有部落必有氏族，否則，部落不能存在，所以氏族可說是部落的核心。有氏族必有部落，否則，氏族便無所寄托，所以部落可說是氏族的根源（政治的基石）。部落既是氏族的根源，那麼家族呢？家族的根源，就是氏族。家族是氏族的縮小，氏族是家族的擴大。古代所謂「氏」，大抵是共同生活的一羣；所謂「族」，是「生相親愛，死相哀痛」（見白虎通宗族篇）。這是人羣結合的最高的情感，富有親屬的意味。所以家族最重要的維繫，就是血統關係的姓氏（從一個共同的祖先而傳襲下來的）。由血統關係的姓氏，聯成為宗法。所以後來中國的家族制度，發展而成為宗法制度。周代的家族制度，受了封建制度的影響，而鑽進政治圈裏去了。

氏族行族外婚（Exogamy），卽一氏族和他氏族通婚，同一氏族不相婚。換言之，氏族不行族內婚（Endogamy），卽同一氏族不通婚，所謂同姓不婚就是。

氏族有血統的關係，又有親屬的關係。

氏族有屬於父方的氏族，又有屬於母方的氏族。

家族，包含父母和子女的小規模的社會團體。指四個不同的團體而言：⑴包含父母和子女的小團體；⑵屬於父母雙方的團體，其中包含和父親母親（父母雙方的）發生關係的人員；⑶屬於父親或母親方面的團體，其中包含只同父親（父單方的）發生關係的人員；⑷屬於父親或母親方面的團體，其中包含只同母親方面（母單方的）而發生關係的人員。⑴項所指的團體，是一單純的家族，是基本的家庭，亦可說是小家庭。⑵⑶⑷項所指的團體，是一複雜的家族，是擴大的家族，亦可說是大家庭（Joint family）（見 W. H. R. Rivers 著的社會的組織）。

家屬與家族之區別：家屬（Household）包含血族中的分子，也包含本家族所有的分子；至於兒子們要成立自己（分家）的家屬而不再成爲他們父母的家屬的一部分；至於女兒們要會同她們父母的家屬分開來，在成立她們丈夫的家屬的一部分（見仝前第一章）。

（三）圖騰氏族（Totemic Clan）

法國涂爾幹（E. Durkeim）云：

「一羣之人互視爲有一種親族關係，但其承認此種親族關係，純因其有一種共同的圖騰。圖騰本身原是一種有生命或無生命之物，多爲動物或植物，以爲該羣體即從此動物或植物傳襲下來，而這種動物、植物卽成爲一種象徵及一種共同之名，如圖騰爲狼，則該氏族之分子自以爲其祖先爲狼，結果，其中人人皆具狼性，此彼等自稱爲狼也。」（見 La Prohibition de l'Inceste（親族禁姦論）。）

法國摩萊云：

「氏族，實卽一種羣體，其職務兼宗教與家庭二者。但其性質則爲神秘的。其團結之原因，實緣羣體之各分子互視爲擁有一種共同之圖騰。因而擁有一種共同之名 Name，由一種共同之神秘物質造成，而此共同之神秘物質，非他，卽圖騰之物質量也。」（見 A. Moret et G. Davy: Des Clans aus Empires.）

英國利維厄斯（W. H. R. Rivers）云：

「民族的一個最常用的方式，便是它的分子相信他們對於一些彼稱爲圖騰的什物、生物、植物或無生氣的事物是發生密切的關係的。其中所常用的便是生物的圖騰了。」（見Social Organization）

英國弗來色（J.G. Frazer）云：

「氏族圖騰，爲一羣男女所敬奉，且以圖騰名稱爲表稱。他們相修同屬於一個血統，同是一個公共祖先的苗裔，故大家同負一種共同的責任，互相團結，對於圖騰亦抱一種共同的信仰。」（見Totemism）

圖騰，是一種體制。具有這種體制的氏族，我稱之爲圖騰氏族。圖騰有兩方面的功用，卽宗教的功用和社會的功用。宗教方面，卽指人與圖騰的關係而言；社會方面，卽指圖騰氏族（圖騰羣（Totem Group））中人與人的關係而言。因此，圖騰制（Totemism），可以說是一種宗教形式，也可以說是一種社會形式。依我之意，以圖騰教（圖騰信仰）表示祂的宗教方面，以圖騰制表示社會方面。

圖騰是一個公名，不只一種，除了氏族圖騰之外，還有兩種：一、爲性的圖騰（Sex Totem）。一氏族中之男女兩性，各取一種動物或植物或無生物做他們或她們的圖騰。男性的圖騰與女性無關，女性的圖騰亦與男性無涉。二、爲個人的圖騰（Individual Totem）。這種圖騰，既不爲一族所公有，也不是一姓所同奉，僅屬個人私有，只和那一個人發生關係。個人取一種動物或植物做他的呵護神（Guardian），這種生物的生命和他的命運大有關係，此之謂個人圖騰。

氏族圖騰，爲一個氏族公同敬奉，一代一代的傳襲下去，如同我們的姓氏一般。例如狼族的某甲生有子女，他們自然屬於狼族。凡同屬于一個圖騰氏族的人，都有親族兄弟般的關係。

圖騰氏族（或圖騰社會）分佈得非常之廣，在美洲、澳洲、Melanesia、非洲及亞洲一部，仍有這種存在。

（四）中國傳說中的圖騰氏族

古代始祖的誕生與圖騰的遺跡。我國傳說中的古代人物，自伏羲（三皇）、神農、黃帝，以至少昊（金天氏、己姓、漢族、名摯。）、顓頊（高陽氏、姬姓、漢族、名顓頊。）、帝嚳（高辛氏、姬姓、漢族、名嚳。）、摯（姬姓、漢族、名摯。）、帝堯（陶唐氏、祁姓、漢族、名放勛。）、帝舜（有虞氏、姚姓、漢族、名重華。）（以上爲五帝）、夏禹（夏后氏、姒姓、漢族、文命。）、皋陶（舜臣）、伯益（舜臣）、商契（高辛氏帝嚳之後裔，夏時，封於商，爲商之祖。）、周棄等人物的產生，或由風，或由星，或由龍，或由鳥，或由瑤光，或由薏苡，或由熊，或由虎，或由玄鳥，姑無論伏羲、神農、黃帝等是否果有其人。但這些傳說，恰恰顯示由圖騰的名物轉移到開祖英雄個人身上一個過程。這些傳說所稱的始祖，如風氏族、龍氏族、熊氏族、黿氏族、星氏族、鳥氏族等等，當爲中國古代的圖騰氏族。（詳見李則綱：始祖的誕生與圖騰，一九三五。）

又左傳昭公十七年：

「郯子來朝，公與之宴，昭子問焉，曰：『少皞氏鳥名官，何故也?』郯子曰：『吾祖也，我知之：昔者黃帝氏以雲紀，故爲雲師而雲名。炎帝氏以火紀，故爲火師而火名。共工氏以水紀，故爲水師而水名。大皞氏以龍紀，故爲龍師而龍名。我高祖少皞摯之立也，鳳鳥適至，故紀於鳥，爲鳥師而鳥名；鳳鳥氏歷正也；玄鳥氏司分者也，伯趙氏司至者也；靑鳥氏司啓者也；丹鳥氏司閉者也。祝鳩氏司徒也；鴡鳩氏司馬也；鳲鳩氏司空也；爽鳩氏司寇也；鶻鳩氏司事也——五鳩，鳩民者也。五雉爲五工正，利器用，正度量，夷民者也；九扈爲九農正，扈民無淫者也。自顓頊以來，不能紀遠，乃紀於近，爲民師而命以民事，則不能故也。』仲尼聞之，見於郯子而學之。旣而告人曰：吾聞之，天子失官，學在四夷，猶信。」

依此段記載，中國在顓頊以前是使用圖騰的。到了春秋時中原已無圖騰使用。惟「四夷」落後的民族，尚有圖騰存在。在顓頊以前使用圖騰的，爲黃帝、夏帝、共工、大皞、少皞五帝。而少皞是以鳥爲圖騰的，分爲鳳凰氏族、玄鳥氏族、伯趙氏族、青鳥氏族、丹鳥氏族，五個氏族；又分爲祝鳩、鴡鳩、鳲鳩、爽鳩、鶻鳩五個氏族；又分爲五個雉族九個扈族，共二十四個氏族。春秋時郯子對於原義不明，誤爲以鳥紀官。（參考竹添光鴻：左傳會箋。黃文山：中國古代的圖騰文化。衞惠林：中國古代圖騰制度範疇。）

就圖騰文化而探究中國的政治原始與文化發展，亦不失爲社會研究方法之一途。

（五）中國封建社會之特質及其發展

在周代以前，商代的社會組織，似乎還沒有達到完全國家的形式，主要以氏族爲單位。各族有其獨立的組織。由各族的聯合，而成爲一個部落的集團。卜辭中的王，便是集團的領袖。商族在當時的各族中，力量最大，成爲部落集團的首腦。而封建制度尚在發展中。考古史記載，知道商朝王室對於各諸侯只是聯盟的關係，還沒有達到中央集權的統治關係。王國維氏說：「自殷以前，天子諸侯君臣之分未定也。故當夏后之世，而殷之王亥、王恒，累葉稱王。……蓋諸侯之於天子，猶後世諸侯之於盟主，未有君臣之分也。」（殷商制度論）未有君臣之分，這正表示國家制度還沒有完全形成。王氏又說：「周之滅殷，滅國五十；又其遺民，或遷之雒邑，或分之魯衞諸國。」（殷商制度論）這種事實，在左傳及史記殷本紀中都記載得很淸楚。有事，是全族擔任，國亡，全族都變爲亡民。這種滅國遷民的事實，正是殷人的社會當爲氏族組織的證明。但是在盤庚以後的社會狀況，因農業經濟的發展，氏族的組織有變爲家族的傾向。商代的帝系，還沒有完全的嫡庶制。王國維氏說：「商之繼統法，以弟及爲主，而以子繼輔之，無弟然後傳子。自湯至於帝辛，三十帝中，以弟繼兄者，凡十四帝。其傳子者，多爲弟之子，而罕傳兄之子。蓋嫡庶長幼之制，商無有也。」兄終弟及，無弟傳子，正說明由氏族制度轉變到家族制度的情形。同時，由這種世襲制度的實行，可以推知國家的形式，已開始萌芽。因此，可以說，商代的社會，是由氏族社會發展到國家形態的過渡時期。到了周代，才形成國家的規模。

在周代，重要的表徵，是封建制度的完成。舉凡貴族政治，父權的家族制度，士地的私有和封賜，貴族、地主和農民階層的形成，都是這時代政治社會上的特徵。作爲擁護天子地位的天神教，鞏固父權地位的祖先教，帶着倫理的、政治的觀念，在宗教思想中出現了。比起卜辭時代那種庶物崇拜的巫術迷信的觀念來，這時代的宗教思想，已走入人本的、禮治的、進步的階段了（參考禮記祭義篇）。

封建的君主政治和父權家族制度出現以後，於是「萬物本乎天，人本乎祖」的尊祖敬天的觀念因以確立，天上最尊嚴的，是上帝；地下最尊嚴的，是天子；陰間最有權力的，是祖先；陽間最有權力的，是家長。這兩種觀念（天道和人道）互相結合推演，祖先可以配天，於是形成一種上帝祖先的混合宗教（二神宗教），家庭組織，便成爲政治上的主要原素。宗法精神，遂成爲國家政治上的主要精神了。孟子說：「天下之本在國，國之本在家。」這是道出封建時代的家族帶有政治上很濃厚的色彩。

王國維氏說：「中國政治與文化之變革，莫劇於殷周之際。殷周間之大變革，自其表面而言之，不過一家一姓之興亡，與都邑之移轉。自其裏言之，則舊制度廢而新制度興，舊文化廢而新文化興。欲觀周之所以定天下，必有其制度始矣。周人制度之大異於商者，一曰立子立嫡之制，由是而生宗法及喪服之制，並又由是而有封制子弟之制，君天子臣諸侯（君：天子，臣：諸侯。）之制。二曰廟數之制。（按古人分別嫡庶統系，稱所自出之祖曰宗。宗廟，祖禰之廟也。）三曰同姓不婚之制，此數者皆周之所以綱紀天下。其旨則在納上下於道海，而合天子、諸侯、卿、大夫、庶民以成一道德團體。」（觀堂集林卷十、殷商制度論）

此卽指出與殷商不同的各國家家族以及宗教男女間的種種制度，正是西周精神的、社會的文化所孕育而成的宗法封建之所在。

胡厚宣氏說：「凡殷人婚姻家族宗法生育之制度者，皆與周代相近似，而為周制之前身或淵源。周之制度，非大異於殷商，乃由殷商漸漸演化而來者也。」（甲骨學商史論叢）這是胡氏對王氏持不同的意見，有待乎進一步的研究。

封建制度之起始於何代？黃帝時代，純是一種部落狀態，在傳說上沒有「封土」的記載。堯舜時代，號稱「萬國」，大概也是舊的部落，改稱諸侯（所謂萬國）。又天子巡狩，諸侯朝覲，見於記載（尚書、堯典），似乎已有封建的萌芽。夏代，王子分封可考的，亦甚寥寥。夏禹承堯舜之後，以集權為政策，初會諸侯於塗山（今安徽懷遠縣），執玉帛者萬國（萬國，表示衆多之意。）；再會諸侯於會稽（今浙江紹興縣），防風氏因為後到，被禹殺了。可見當時的室，已有相當的權威。晚年，禹原想把帝位傳讓給益，因為禹的兒子啓很賢明，當時的諸侯愛戴啓為共主，終于由啓繼承了王位。從此以後，帝位便由禹的子孫世代相傳，唐虞禪讓（傳賢政治）的制度，一變而爲君主世襲的制度。由於這一傳說的記載，可以窺見夏代已有封建的萌芽。

殷商時代的封建制度，有可考者，諸侯方國，分布各地。如周侯，㠱侯（杞）侖侯、虎侯、兒伯、犬侯、蒙侯、攸侯，並見卜辭。武丁時代分封王子、王后和功臣，亦多可考見。盂鼎，有：「惟殷邊侯田雩殷正百辟」之語。尚書之康誥、酒誥、顧命、禹貢，皆有侯、甸、男之稱。殷代的「方」與「國」，皆殷時的國名，見於卜辭者，有鬼方、人方、羊方、羌、芈、邑方、土方、馬方、井方、（盂）孟方，皆與殷爲同時之國家（部落?）至殷之末，仍然存在。于此可見，殷商時代封建制度的發展。

周代崛起西方，乘伐商的勝利，曾滅了九十九國（諸侯）。（逸周書、世俘解：「武王遂征西方，凡憝國九十國。」）同時，又大封諸侯。荀子稱：「周立七十一國，姬姓獨居五十三人；周之子孫，苟不狂惑者，莫不爲天下之顯諸侯。」（儒效篇）可見新封同姓侯國之多。眞正的封建制度，就是由周完成。從黃帝到唐虞，可以說是從部落過渡到封建的時代。從唐虞到夏商周，可以說是封建制度的演進和成立時代。人類的社會，由氏族發展而成爲部落，又發展而成爲封建時代的諸侯，曾經過一個長的時期。封建制度的演進，本以擴張王室權力為重要標的。到了周代，有四個特徵：一、是新建諸侯的增多；二、是同姓封國的增多；三、是王室和諸侯間的關係更密；四、是天子和諸侯君臣的名分更嚴。

周初，把同姓子弟和異姓的功臣分封在險要的地方，一方面作為王室的屏藩，一方面監視舊時的諸侯。封，是封國，建，是建君。參用古制，把諸侯分為公、侯、伯、子、男五等爵位。帝王，是天下的共主，稱為天子，直轄的土地，不過方千里。公侯封地，各方百里，伯七十里，子、男五十里，封地不到五十里的，為附庸。諸侯的國內，又有卿、大夫、士、庶民的區別（封建制度下的各階級）。於是政治上一脈貫通，如臂使指（指揮如意），造成一個政治系統，支持周代八百餘年的國運。

宗法制度，是商代實行過的。卜辭中祭祀先王，已有大宗、小宗的稱號。周代更利用宗法以輔助封建制度，把諸侯分為同姓、異姓兩類。周，姬姓，凡姬姓的諸侯，公奉周天子為宗主（王室和同姓諸侯結成一大家族）。諸侯在自己國內為大宗，國君的爵祿，規定由嫡長子承繼，庶子另給土地，稱為別子。別子的嫡子為大宗，別子的庶子為小宗。由小宗推至大宗，推至國君，更上推至天子，層層相屬，整個社會可以用宗法聯繫起來，而形成社會中一個大家族。

至於異姓諸侯，和周天子及周同姓之國，大都有婚姻的關係，所以情誼也很密切，而結成親屬的關係。這就是周代以宗法團結同姓，以婚姻聯合異姓。用和平親愛的手腕，造成統一中國的局面。宗法在本質上是支配（統治者）階級之血屬社會統制組織，他的特質，是父系、父權、父治。故周代的封建，便是一種以血屬爲基礎的政治封建。

周代的封建制度、宗法制度及分田制度，三者有嚴密的配合。封建制度，是一種橫的政治之組織。宗法制度，是一種縱的血族之承繼。分田制度，是以上兩者的紐帶，而是一種基本的經濟的生產。此外，還有一個制度，就是文物制度，這是文化的樞紐，亦是周朝立國的骨幹（商、周的文物制度，將另文發表）。

宗法制度，是用以維持封建制度的產物，封建制度之特質及其所以完成之者，這是因爲有宗法制度。

宗法制度的中心，實際上就是嫡庶制度，更明白的說，就是嫡長繼承制度。

宗法制度，實際上血統制度，故又必實行外婚制，而不能同姓爲婚。宗法制度，亦就是家族的倫理制度。這家族的倫常關係，乃中國民族之歷史的骨幹，與農業社會之發展有相聯的關係。故封建制度雖已崩潰，而宗法社會還可以延長下去。

自周以降，迄前清末葉，歷數千年，幾全受封建勢力之支配，而家族社會遂盤根錯節，幾不可搖撼。是蓋有其特性之所在，其特性是什麼？卽封建社會所形成之意識，所謂宗法精神就是。這種精神納之於制度，深入人心，積成習慣。舉凡中國人民，自孩提以至老死，居家行事，無一不受宗法精神之支配。這種精神歷久而鎔合凝固，以鑄成中國家族社會的特性。這特性，是以仁愛爲本，以忠孝爲中心。繫乎這倫理特性，由家族擴大而爲宗族，由宗族擴大而爲國族。所以，家族乃是國族之基，可說是中國社會組織的特色。

二、中國文化之特質

中華文化，是以倫理思想和道德觀念爲其特質；另一方面，是以科學思想和技術觀念爲其特質。

(一) 倫理思想與道德觀念

遠古的人，思想本極簡單，對於自然界不可思議的現象，便視之爲神。天有天神，爲諸神中最高的神。天不僅是映於吾人眼中的靑空，且是有形靑空上有無形之神的存在。這無形的神，就是天的主宰，有最高無上的權威。凡世間人及萬物之所以生，皆天之所賜；以長以養，並受其支配。由於初民敬天畏神的觀念而發生對於天神的崇拜，奉之爲皇天上帝。這是原始心理所由而啓的宗教信仰，崇天神以定一尊。天神之下，有地祇，又有日月星辰山川之神，降而至於動植物之屬，統攝於至上的神。所以古代人亦推敬天之念以信奉之。易曰：「有天地，然後有萬物。有萬物，然後有男女。有男女，然後有夫婦。有夫婦，然後有父子。有父子，然後有君臣。有君臣，然後有上下。有上下，然後禮義有所錯。」循此宇宙間自然發展之迹，可知天道秩序的眞諦之所在。因爲天造萬物，故天是萬物的根本，亦就是萬物的父母。以天道秩序之理，應用於人類的社會，便產生了家族的倫理思想和五倫的道德標準。所謂「父子有親，君臣有義，夫婦有別，長幼有序，朋友有信。」就是。

基於敬天觀念而對天道發生崇拜信仰，這稱之爲拜天教。接着而有尊祖的倫理思想的激動，由是對祖先發生崇拜信仰，這稱之爲拜祖教。「萬物本乎天，人本乎祖。」（見禮記）敬天尊祖，禮莫重於祭。祭天，即所以敬天。祀祖，即所以尊祖。由於倫理思想和祭祀思想的發展，祭天祀祖之外，又有對先哲先烈致以崇德報功紀念的祭祀。所以，祭祀，就是祭天神、地祇、人鬼。天神，謂天之神。地祇，謂地之神。人鬼，謂人之魂。其人鬼，除各自祭其先祖外，凡功施於民的，以死勤事的，以勞定國的，以及能禦大災捍大患的，皆列祀典（見禮記祭法篇）。總而言之，祭祀，在禮俗上是很有意義的，乃是敬天、尊祖、崇聖、禮賢的實際表現。惟祭天的動機，半爲祈福避禍而起，含有迷信的意味，自當別論。再說倫理思想的發展，初則見之於人與天的相接，人與人的相接，推而見之於人與家族宗族的相接，再推而見之於人與國族國家的相接。循此發展的程序，其道德觀念所藉以表而出之的，則爲儒家孔、孟所倡導的忠孝仁愛禮義之大道。所謂忠孝仁愛禮義，就是人的報德心、同情心、互助心、愛國心、自尊心。這都是我們固有道德的本質，亦就是中華道統文化的根本。

唐代韓愈，因當時佛教和道家思想很盛行，獨尊儒教，攘斥佛老，以諫迎佛骨事貶刺潮州，移刺袁州。他爲了維護禹、湯、文、武、周公、孔子的一貫大道，寫了原道一篇文章，以伸張中華的道統文化。這文最後一段，說：

夫所謂先王之教者，何也？博愛之謂仁，行而宜之之謂義，由是而之焉之謂道，足乎己無待於外之謂德。其文，詩書易春秋；其法，禮樂刑政；其民，士農工賈；其位，君臣父子師友賓主昆弟夫婦；其服，麻絲；其居，宮室；其食，粟米果蔬魚肉：其爲道易明，而其爲教易行也。是故以之爲己，則順而祥；以之爲人，則愛而公；以之爲心，則和而平；以之爲天下國家，無所處而不當。是故生則得其情，死則盡其常；郊焉而天神假，廟焉而人鬼享。曰：「斯道也，何道也？」曰：「斯吾所謂道也，非向所謂老與佛之道也。」堯以是傳之舜，舜以是傳之禹，禹以是傳之湯，湯以是傳之文武周公，文武周公傳之孔子，孔子傳之孟軻；軻之死，不得其傳焉。荀與揚也，擇焉而不精，語焉而不詳。由周公而上，上而爲君，故其事行；由周公而下，下而爲臣，故其說長。然則如之何而可也？」曰：「不塞不流，不止不行。人其人，火其書，廬其居，明先王之道以道之，鰥寡孤獨廢疾者，有養也，其亦庶乎其可也。」

從上述一段文字看來，韓愈所說的道，是闡明儒家的倫理思想。這倫理思想，就是中華民族獨創的文化傳統。

近世繼承這一道統的，是　國父孫中山先生。　國父創立民國，以三民主義爲建國之本。他的思想，完全是中國的正統思想，就是接近堯、舜以至孔、孟而中絕的仁義道德思想。他自己也承認是繼承這一個道統。要把中國文化之世界的價值，提高起來，爲世界大同的基礎。（見戴傳賢先生著的孫文主義之哲學的基礎。）在今天，繼承道統的，是提倡復興中華文化的　蔣總統。　總統認爲　國父所著的三民主義的本質，是倫理、民主與科學；並於其手著科學的學庸一書中，指出儒家的大學是現代科學的先驅。他在整理文化遺產與改進民族習性一文說：「經書是我們民族文化的精髓，總理嘗說，他的政治思想，是上承堯、舜、禹、湯、文、武、周公、孔子一貫的道統而來的，所謂『文武之政，布在方册』。這些思想的脈絡，就都彌綸在五經四書裏面。總理生平稱述不忘的禮運大同篇，以及我所整理過的科學的學庸，都是四書五經中的一部分。在這些經書裏，是有許多『放之天下而皆準，百世以俟聖人而不惑』的至理名言，當然裏面也有很多不適合於現代需要的章句。我們如要使糟粕盡去，精義燦然，那就要把四書五經裏面適合於現代需要的傳記、倫理、文化、思想以及政治、經濟、軍事、社會各部分，加以擷取，加以編次，加以解釋，使人簡切易知，都能篤信，都會實行，那才可以使往聖之學，由闇而彰了。我們可以研究經書，但是不能泥古。」蔣總統對於中華文化復興之道，給我們不少的啓示。

（二）科學思想與技術觀念

日本學者藪內清說：「一個民族的文化，像中國這樣繼續得如此長久，簡直是世界的奇蹟。以古老文化誇耀世界的近東諸多國家，早已滅亡。現尚殘存的印度文化，可說是雜亂的民族集合體。」（中國古代的科學）不錯，中華民族文化，和埃及、巴比倫等相繼而發。但埃及、巴比倫的古文化，久已湮沒。獨我民族能垂久遠而不衰，仍保持其固有文化，其所以致此的，則恃有唯一的精神力。這精神力，包含兩方面：一是倫理道德，一是科學技術。前面，我綜合的說過中國的倫理思想和道德觀念。現在，我要說一說中國的科學和技術。

科學，是人類靈智的活動，維護文化，創新文化，進而企求對人生的滿足。科學重原理；技術重應用。科學和技術有分際，有其密切的關係。在我國古書記載上，遠在五千年前，黃帝時代，已發現磁石，俗稱吸鐵石，它具有吸引鐵、鎳、鈷的磁力，並具有指向南北二極的特性，因是用此原理而製成指南針。跟着又有指南車的發明。磁學的現象之知識，是科學；製造指南針的方法，是技術。這是指出科學和技術的關係。指南針和指南車，是我中國最早的發明，乃爲全世界所公認。

蠶絲一物，遠在黃帝時代，亦已發明。史記五帝紀：「黃帝居軒轅之丘，而娶於西陵之女，是爲嫘祖。」嫘祖在園中見到蠶蟲吐絲作繭情狀，便研究如何育蠶作繭，如何抽絲織綢，皆有成就。所以，蠶絲亦是我國最早的發明。民國十五年，李濟之氏在山西省夏縣西陰村，發掘已被壓扁的半蠶繭，這個繭，殼小而壁厚（現藏故宮博物院），經證明是新石器時代的遺物，益可信蠶繭製絲是遠古嫘祖所發現發明的。我國育蠶知識，製絲技術，很早傳入西洋、日本，後來又傳入印度。

東周春秋之世，中國人已發明火藥。火藥，是木炭粉、硫黃和硝石的混合物。經此混合而成的火藥，是黑色的，所以稱爲黑色火藥。因爲我國人最早發明火藥，又最早用火藥學的知識，製造爆竹、爆仗和烟火。古時，用弓箭作爲攻守的武器；後來，知道火藥的用途，乃在弓箭上裝火藥及引火物，使它燃燒射出。這武器，就是火箭。三國志中，有一段記述：「諸葛亮進兵攻郝昭，起雲梯衝車以臨城。昭以火箭逆射其雲梯，梯燃，梯上人皆燒死。」這是一例。北史王思政傳記載：「思政射以火箭，燒其攻具。」這也是一例。後歷北宋眞宗、欽宗等朝，曾用火藥製成火器火箭，以防外族的侵襲。至南宋高宗，始以火藥用於槍砲，這是火器史上的一大進步。元代，約一二七五年，意大利人馬可波羅，到中國遊歷，注意到這黑色火藥，並習製造方法。火藥之傳入西洋，可說是馬可波羅作了先導。

遠在紙張發明以前，古人用刀刻文在龜甲和獸骨之上，謂之甲骨文。這些甲和骨上的文字，有用朱紅寫的，有用墨寫的，寫好以後，再用刀刻；也有刻完以後再塗上朱墨的。又以泥土範成字形，在鐘鼎彝器上鑄成文字，這些銘文，謂之鐘鼎文。在甲骨上刻的文字和鐘鼎上鑄的文字，可保存得久遠。古人對於一般的文書，大都用竹簡、木板和縑帛書寫紀錄的。（按：具有二千五百年歷史價值的周代絹稿，於公元一九六八年在紐約都城博物館展覽。縑，是一種細而緻密的絲織絹綢。）竹簡木簡，使用得很早。周末以至秦代，每用縑帛。這些文字傳遞上的工具，直到紙發明以後，仍沿用得很久。紙字從絲，顯與蠶絲有關。古人發明蠶絲，而紙的製造，自有所本。有的學者，以爲早期的紙，是用絲絮黏成的，不無理由。到了東漢和帝朝代，宦者蔡倫乃採用樹皮、麻頭、破布、魚網以爲紙，從此造紙術更進了一步。造紙術也是我國最早的重要發明之一。

印刷術，是中國人的發明，已爲世界所公認。印刷術，分兩種：一是雕板，就是把書的內容雕刻在一塊塊整片木版上，再就這刻成的版，用紙或絲綢來印書。一是活字，就是先做成一個個單字，把單字依照本書拼成一塊塊版，再用這排成的版來印書。這兩種印刷技術，都是中國人發明的。先發明了雕版，後發明了活字。雕版印刷，創始於第九世紀，晚唐，是累積了許多人的創造經驗而成功的。到了宋代，印刷的技術益精。北宋的版本，流傳到今的不甚多；而南宋的版本，卻不少。雕版印刷術，發展到第十六世紀，明神宗萬曆年間，盛行一種新的印刷術，就是彩色套印，這是一種複雜而需要極度精密的技術。這種套色技術配合版畫技術，便產生出多姿多彩的套色版畫。至於活字印刷，在第十世紀末，北宋仁宗慶曆年間，畢昇發明活字，是用膠泥（黏土）製作活字的。這是世界上活字印刷術的首創者。現在世界上絕大多數的書，都是用活字印的。活字印刷的技術，如今已發展到機械化、電力化的境地，是現代文化的一根主要支柱。總之，雕版印刷術和活字印刷術，是中國人發明的。世界各地的活字印刷術，跟雕版印刷術一樣，是無疑的受了中國的影響。

除上述我國最早的五大發明外，尚有其他科學技術跟工藝文物的重要發明。在遠古時代，傳說中的伏羲氏，創八卦，以代結繩；神農氏，嘗百草，以別藥性。又有班班可考的吾國古代的算學、曆法、天文學、光學、音學、生物學、煉丹術、方劑學以及最早的建築工程、水利工程、金屬冶鍊技術、青銅器製造技術、製陶製瓷技術、縴絲織造技術、鑲嵌技術、雕刻技術、色染技術、髹漆技術等等，實不勝枚舉，亦不勝細述。此等科學技術，應用到中國古文物：彝器、禮器、玉器、瓷器、繪畫、漆器、石器等的製造，多彩多姿，而有莫大的貢獻。文物是文化的實蹟。凡此文化、文物的具體表象，世界人士，有目共欣賞。

公元前七二二年至二二一年的春秋戰國時代，公元前二二〇年至二〇七年的秦朝，以及其後直至公元一四三年的漢景帝朝代，這一段時期中，當春秋之世，孔子施教，以六藝：禮、樂、射、御、書、數並舉。大學中所說的「格物致知」，指出致知的方法，則在格物。這也是我國先哲早已意識到人和物的接觸而求眞知眞理，以導致科學思想的啓發。此外，還有許多科學和哲學的理論發表。戰國之世，諸子百家，一時並興，各有所學，各有所長，蔚成學術思想上的黃金時代。如墨家則從物理方面研究問題，其中有顯著成就的，是光學、機械學以及攻防的築城術。名家則研究一套比較科學的推理方法。道家則探究大自然的神祕，即所謂天道。道，是自然之理，人心之理，亦爲宇宙之理。就道的探究而使人類靑春永駐，長生不老。秦始皇曾以延年益壽的法術，求教於道家。在天文學方面，中國人的最大貢獻，是經極長的時間，不斷的大量觀察天文現象。可惜未能利用觀測的結果，推究出一套有關宇宙結構之空間理論假說。從此看來，可知戰國時代，諸子人才傑出，思想發達，眞有如春花怒發，一往而不可遏抑。自秦始皇焚書坑儒，以迄漢武帝，罷黜百家，獨尊儒學，於是中國科學思想的發展，便受了影響。但就吾國古代五大發明以及其他我國人領先的種種發明來說，足以證明中國人智慧之高，深具有科學技術的能力，使我先民獨創的文化文物永垂而不絕，而對世界人類有所貢獻。

英國學者李約瑟（Joseph Needlham）說：「中國有很豐富的古代和中古科學與技術，他所缺少的，只是現代科學。但到十七世紀，耶穌會士進入中國時，現代科學已開始萌芽了。」又說：「現代科學，乃是世界科學，而非西方科學，西方人絕不能以此自豪。中國民族對於今日世界科學的主要成分，尤其是在生物學、化學、天文學和物理學的發展上，功績最爲懷偉，絕對不能否認。」黃文山教授說：「中國思想上的重要因素，對於現代歐洲思想最大的影響，據李氏所見，乃是『自然有機體論』（Natural Organism），或『自然的有機概念』（Organic Concept of Nature）。他很明白的指出這種思想體系，乃是中國二千多年的哲學思辨之最高綜合。由周易發端，直到宋代的新儒學而達到最高峰。其中貢獻最大的，當推朱熹（公元一一三一——一二〇〇年）。他能把儒、道、釋的思想融會貫通，完成哲學的綜合。故朱氏可稱爲中國整部思想史上的最偉大的人物，堪與西方的亞里士多德、斯賓諾莎、萊布尼玆、斯賓塞媲美。」李氏又說：「中國社會幾千年來，雖有朝代的轉換，外強的侵略，內亂的頻興，但其社會生活之基本形式是相對永恒的，故認定中國文化有其『穩固性』。」（以上所引，均見黃文山譯的中國之科學與文明導論——李約瑟著。）李約瑟氏對於我國科學、文化的評價，是值得我們檢討體驗的。由於他說「中國文化有其穩固性」，其所給我人的啓示，是我中華民族有其堅毅特質，頂天立地，能站得住，站得穩。由是可以斷定中國文化，綿延五千年而不步埃及、巴比倫的後塵，則恃有唯一的精神力：倫理思想和科學技術。

附錄　民國三十七年，南京中央日報專論：「中國學術何以推周末爲盛」，以作研究參考。

「一代之肇興，必有一代學術，學術昌明，則人才輩出，中國之學術，雖歷代標奇出新，均有可觀，而推周末爲獨盛，當時若楊子之爲我，墨子之兼愛，莊列之恢奇，荀孟之純正，申韓商鞅等之法律刑名，無不分道揚鑣，各樹一幟，其他若陰陽家則出於羲和之官，名家則出於禮官，縱橫家則出於行人之官，雜家則出於議官，農家則出於農稷之官，小說家則出於稗官，莫不各有所本，守師傳，以互相爭勝，蓋吾族是時思想之發達，人才之傑出，誠有如春花怒發，夏雨驟來，一往而不可遏抑者，故論吾族學術之興盛，實當以是時爲極點也。其所以然者，猥因周末綱紀廢弛，王室陵夷，降及戰國，社會之事變愈繁，人民之見解愈進，將三代以來，貴族階級推倒無遺。於是一般平民，得以思想自由，言論自由，著作自由，若決江河，沛然莫之能禦，而聖哲才智之士，亦遂各抒所見，以成一家之說，此其最大原因也。況乎七國爭雄，邦國富強，有爲之君，均知謙恭下士，裂土分封，以網羅天下人才，於是奇才異能之士，無不炫玉求售，應徵求聘以展其懷抱，故朝猶布衣，夕爲卿相者，過江之士多於鯽也。競愈演而愈烈，斯學術愈出而愈奇，此又一原因也。蓋當時不獨形上之學極高明，而盡精微，卽形下之學，如墨氏之器械，魯班之技巧，亦有獨具匠心，別開生面之新奇，假使精益求精，遞衍至今，吾知中國學術之發明，必有凌駕歐美而上之者，又何至步人後塵哉。無如物極必反，過盛則衰，祖龍一炬，竟喪斯文，風雨飄搖如線，斯誠中國學術空前絕後之刼運也。厥後，漢重儒術，而罷黜百家，晉崇佛老，而習尙清淡，唐以詩文取士，而蹈於空疏，宋以理學見長，亦未盡適用，明清兩代以八股制藝爲出身之階，將天下英才之腦力精神，悉令消磨於此文字獄中，尤爲愚民之惟一政策，自坑焚以來，歷代專制魔王，對於學術，非極力摧殘，卽嚴加限制，惟取其便於己者，定爲國家功令，以牢籠萬民，奴隸羣庶。所謂思想言論著作，早已失其自由，此周末學術之盛，所以獨隆千古也。」

(三) 結　語

我一再的說，禮俗是一種文化事象。文化，原是人類生活的類型，但亦可說是人類生活習慣的綜合。一、在物質生活方面，凡關衣、食、住、行以及其他日常生活所需的器物皆屬之。二、在社會生活方面，凡關男女婚嫁、家族制度以及其他社會組織、政治組織皆屬之。三、在精神生活方面，凡關知識技能、文學、藝術、倫理、信仰以及其他節序娛情皆屬之。研究禮俗，要從這些生活類型去探討。中國禮俗，有其社會特質和文化特質，各從其背景去觀察而反映出來，則有種種的禮俗，如婚姻禮俗、喪祭禮俗、節序禮俗、文物禮俗、衣食禮俗、交際禮俗和其他雜俗。尤其是婚姻禮俗、喪祭禮俗、節序禮俗，則具有深入人心的倫理道德觀念。先說愛，愛有男女之愛、夫婦之愛、父母子女之愛、兄弟之愛、朋友之愛。男女之愛則生情，夫婦之愛則生敬，父母子女之愛則生慈生孝，兄弟之愛則生悌，朋友之愛則生信。由愛的擴大而及於社會國家，則有人羣之愛、國族之愛和國家之愛。人羣之愛則生義，國族之愛則亦生孝，國家之愛則生忠。亦即所以爲人羣盡義，爲國族盡孝，爲國家盡忠。泛衆愛，愛的範圍無邊，愛的深意無窮。「博愛之謂仁」，這愛就是仁愛。再由仁愛擴充而有孝有忠。忠孝仁愛，一以貫之。所貫之一者，即是禮。禮，是「序」，是「理」是「履」。禮俗由此而起，由此而發皇。至說，文物禮俗，我有一個見解，文物禮俗，是中國文化的特色。考商周時代，已有文物制度。於此，可以窺知古代科學技術的發展，於第七節詳論之。

第三節　婚姻禮俗

一、古代男女關係的演進

原始時代的男女配合，本無一定的組織，男女關係，沒有一定的規律，所謂雜交(Promiscuity)便是。白虎通三綱六紀：「古之時，未有三綱六紀，人民但知有母，不知有父。」(商君書開塞篇、管子君臣篇、列子湯問、呂氏春秋恃君覽，均有同樣的記載。)從這些記載上，我們可以推知在家族氏族未產生以前的遠古時代，人類是生活在一種游獵的原始「游羣」的狀態中。他們在這種生活狀態之下，完全行着無限制的性自由(Sex freedom)，沒有確定的婚姻關係之存在，更沒有眞正的家庭組織之可言。

原始的游羣，經過了長期間發展到某一個階段，就產生一種較高型態的母系氏族。在這社會組織之中，男子外出，漁獵爲生，漂泊不定；而婦女定居一方，從事採集生產，男女沒有一定的配偶，子女只知有母，不知有父，母性乃成爲後嗣惟一確認的尊親。這種制度，卽以母性爲氏族的中心，子孫皆從母爲系屬。母系氏族，又因爲經濟的發展，進到某一個階段，有一定的配偶時，子女才知道有父，由是產生另一型態的父系氏族。再由父系氏族的演變，而成爲夫婦的家庭。

（一）母系制

母系制，是母系氏族中的一種體制，其體制的構成，大概具有下列的要素：

(1)血統（Descent）「在家從母，出家從妻，妻死從女。」這是母系制下男子三從的規則。因爲男子有了出家從妻的規定，所以兩姓結了婚，男子便成爲妻族（妻黨）的一員，隨妻族的姓氏爲姓氏；其所生子女，也屬於母親或母族的團體，卽於母親這一系中擇一以爲計算嗣續的標準。這叫做母系的血統(Matrilineal Descent)。這種嗣統，是構成母系制的第一個要素。

(2)從婦居(Matrilocal) 兩性（男女）的結合，基於入贅婚姻(Matrilocal Marriage)。就是夫婦成婚後，丈夫卽隨婦住娘家，所謂男附女家便是。這叫做「女方居住」(Matrilocal Residence)。這是構成母系制的第二個要素。

(3)支配權（Authority） 母系制下的支配權，就是母權。支配權，亦可稱爲執掌權，有政治支配權和家事支配權兩種。在母系氏族之中，婦女居一族的首領地位，而握有政治家事支配權，在古代政治型態上，這是一種母治。但爲了經濟上的目的以及繁重情事的應付，要賴男子的力量以爲護助，往往把此權授與她的兄弟。其兄弟所握有這權的，英文稱之爲「舅權」（Avunculat Domestic Authority）。這是構成母系制的第三個要素。

⑷產業所有權（Ownership） 這僅指家屬產業而言，卽家屋、家具及生產的用具等是。在母系氏族中，這些產業，統歸妻子或母親所有。這是構成母系制的第四個要素。

⑸繼承（Inheritence） 這指產業的遺傳而言。氏族內的一切產業，乃由母親傳給女兒，或經母舅傳給外甥。這是構成母系制的第五個要素。

⑹承襲（Succession） 這指職權的承襲而言（職 Office，權 Authority）。母系的嗣續，繼承母親的家長地位及其支配權者，這叫做母系的承襲（Matrilineal Succession）。有的，外甥亦得以承襲母舅的職權。John Lippert 名之曰「甥權」（Nephew Right）。這種承襲，是構成母系制的第六個要系。

（二）父系制

古代社會，由於經濟的發展，進到畜牧階段，男子有了馴養的牲畜做財產，不必依附女子；而女子卻因生產能力不及男子，反過來依附男子。這時候，男子因牧畜生活，工作不如從前簡單，需要女子分勞。爲了彼此合作的要求，男女雙方便成了確定的夫婦配偶。由是產生以父系爲中心的社會。

由母系制演變到父系制，其間與宗法制度的產生很有關係。

宗法是古代立宗的法，是古代氏族系統之一種制度。言其淵源，是起之於祭祀。古時有一氏族或部族所祀的神，即祖先之祭，其名曰宗。宗是祖廟之名，主祭的人，稱爲宗子。帝王是一國主祭的人，所以帝王就稱爲宗，而族人爲主祭的人所統轄的，也稱爲宗（所謂小宗、羣宗、宗人等）。這是宗法之名之所由立。

宗法制度，是商代實行過的，卜辭中，祭祀先王，已有大宗、小宗的稱號。周代利用宗法以輔助封建制度，把諸侯分爲同姓、異姓兩類。周，姬姓，凡姬姓的諸侯，公奉周王爲宗主。諸侯在自己國內爲大宗，規定嫡長承繼，庶子另給土地，稱爲別子。別子的嫡子爲大宗，別子的庶子爲小宗。由小宗推至大宗，推至國君，更上推至天子，層層相屬，形成一個大家族。國王及周同姓之國，大都有婚姻的關係，所以情誼也很密切。那時天子與諸侯間有王室特定的朝覲（諸侯晉見天子之禮），聘問（派遣大夫行之），盟會（有事則會；不協則盟）。慶弔諸禮節，而時相接觸，又沿襲同姓不通婚的古禮，使王室與異姓諸侯以及異姓諸侯相互間各以婚姻關係而增進其情誼。這是周代以宗法團結同姓，以婚姻聯合異姓，用此等和平親愛的禮節，使那時的中國民族益趨融和，人文益趨同化，國家的向心力亦益趨凝固，這便是中國的禮治精神。這種精神，實在是由封建制度下演進而來的。

西周以前（公元前一一二二年以前），沒有完整的宗法。封建制度最盛的西周，到春秋時代，也正是宗法的時代，而宗法乃是封建貴族的親屬組織。春秋時代以後，封建制度開始分解，宗法制度也跟着開始變化，自此以後，氏族制度變爲家族制度。

宗法的氏族制度，是由母系制轉變的父系制，這一體系制構成，大概具有與母系制相反的六個基本的要素：

(1)血統　男女兩姓結了婚，女子便成爲夫族（夫黨）的一員，其所生子女，屬於父親，這叫做父系的血統（Partrilineal Descent）。依血統而計親屬，則凡是和我有血統的關係，都是我的親屬。再加以血統所由生的婚姻來計算，則凡與我有婚姻關係的，也都是我的親屬。前者可稱爲血統，後者可稱爲姻親。例如父和父的父或母和母的母，都是血親。子和子的子、女和女的女，也同是血親。又如妻的父母，是夫方的姻親，夫的父母，是妻方的姻親，這是兩系（Bilateral）並計的方法。在氏族社會大抵用單系（Unilateral）而不用雙系。單系計，只計父系或計母系。

(2)從夫居(Partrilocal Residence)　夫婦成婚後，婦隨夫居，所謂「女附男家」便是。這叫做「男方居住」。穀梁傳：「在家制於父，既嫁制於夫，夫死從長子。」這是說明婦的地位，隨夫而轉移，也是俗所謂：「嫁雞隨雞，嫁犬隨犬。」女子之結婚，曰嫁曰歸。在未嫁前，是無家，故暫住母家而已。惟有結婚後，才是女有家，歸於男家。故詩云：「之子於歸。」春秋屢書女子嫁人曰歸，如「僞嫡歸於紀」等。

(3)父權　男人爲一家之長，握有一切支配權。父的身分及權利，概傳於子，這叫做父權（Partriarchate）。

(4)繼承　家中的一切產業，乃由父親傳給兒子。換言之，父亡，其遺產由其長子繼承之（Primogeniture）。

(5)族外婚制　父系制下的婚姻，是異姓通婚，卽行族外婚制（Sib-exogamey）。左傳國語均有同姓不婚的記載。國語云：「同姓不婚，懼不殖也。」又云：「

先王聘后於異姓。」左傳：「內官不及同姓。」因爲同姓結婚，「其子不蕃」。白虎通姓名篇更說得透澈：「人爲何有姓，乃因崇恩愛，敦親誼，遠禽獸而別婚姻之故。所以紀世別類，生相愛，死相哀，同姓不相聚，此皆所以重人倫也。」

（三）父系制與宗法組織

封建制度正盛的西周，到春秋時代，正是宗法的時代，而宗法是封建貴族的親屬組織，其親屬組織的特徵，是父系父權父治的氏族，行族外婚制及長子繼承制。先說一說宗法以前的親屬組織。囘溯到西周以前的，是夏商時代。中國在先秦的時代，並沒有眞正的統一，氏族很複雜，氏族和氏族之間各自保持着特殊的風俗習慣。其文化程度，高低不一。其家族上的發展，亦不一致。

夏民族在氏族方面似已發展到了父系制。從禹至桀，據史記夏本紀所記，共十七君，十四世，大都是立子。傳至第三世，太康崩，弟中康立，帝不降崩，弟帝扃立。帝廑崩，又立不降之子孔甲，爲承繼制上的破例。這是夏人父系氏族組織下確立父子相承制的明證。

殷商文化，是承襲夏民族的。孔子就有「殷因於夏禮」的話。但殷商的氏族組織，和夏民族不同。夏人已行族外婚制，而殷商人卻還行着族內婚制。夏人已確立父子相承制，而殷商人還行着兄終弟及制。所謂兄終弟及制，其繼統法，以弟及爲主，而以子繼輔之，無弟然後傳子。自成湯以至於帝辛，三十帝中，以弟繼兄者，十四帝（外丙、中壬、大庚、雍己、大戊、外壬、河亶甲、沃甲等）；其以子繼父者，亦非兄之子而多爲弟之子。

殷俗，不但男系兄弟的身分，無嫡庶貴賤之制，即母妣之在族中，與男系的祖、父，亦全無差別。祭祀的體制亦同，凡禮制之加於祖、父者，殆無不可以施於母妣，母妣在族中還保持着與祖、父同樣的尊嚴。

甲骨文中有母妣特祭的記載：

(1)特祭高妣的，例如：

貞之於高妣庚（殷墟書契卷一之三十六）。

(2)特祭妣的，例如：

丁酉卜口妣乙以羊（戩壽堂）。

于妣庚（書契卷一之四三）。

(3)特祭母的，例如：

貞之於母二牛（書契卷一之二九）。

母庚牡一（書契同上）。

就上之所舉，可知那時母妣的地位很高，以見商族男女雙方的世代並重。就卜辭所記殷代的禮俗而論，殷代婚姻雖已排除最近血緣，但同姓可婚，當係事實。

到了西周，才有父系父權父治及長子繼承與族外通婚的氏族制度。這種制度，是貴族身分的宗族制度，不是原始的氏族社會制度。

(四) 族外婚制

「男女同姓，其生不蕃（血統交合，不利傳種之生理上的原則。）」（左傳僖二十三年）

「同姓不婚，懼不殖也。」

「司空季子曰：異姓則異德，異德則異類；異類雖近，男女相及，以生民也。同姓則同德，同德則同心，同心則同志，同志雖遠，男女不相及，畏黷散也。黷則生怨

，怨亂毓災，災毓滅性。是故取妻避其同姓，畏災亂也。」（國語）

「繫之以姓，雖百世而婚姻不通者，周道然也。」（禮記大傳）

「不娶同姓者，重人倫，防淫佚，恥與禽獸同也。」（白虎通）

古代同姓不婚，既成禁律，於是女子稱姓以爲識辨之資。男女稱氏，女子稱姓，是周族的習慣。稱氏，是由於貴族男子有封建財產及由此所生的身分。稱姓，是由於同姓不婚的禁律。商族沒有封地制度及族外婚制，所以沒有男稱氏女稱姓的制度。最古的女子稱姓，是姜嫄。姜嫄的稱號，又是周族造出來的。

由今日觀之，姓的意義已變，一姓相傳閱百年，所雜血統，已不知凡幾，同姓不婚，幾等於無意義，反不如中表不婚之爲合理。

二、婚姻之始

父系代母系而興，則自婚姻開始。易傳云：「有夫婦，然後有父子。」禮運：「男女無別，則父子不親。」未有婚姻，則男女無別，有之則男女有別。曲禮云：「男女非有行媒，不相知名，非受幣，不交不親，故日月以告君，齋戒以告鬼神，爲酒食以召鄉黨僚友，以厚其別也。」這是說，昭告神明天子，公布於大衆，以示此男別屬此女，此女別屬此男，是之謂夫婦有別。

列女傳貞順云：「夫婦者，人倫之始也。」人倫造端於夫婦，所以社會的組織，以夫婦爲基本。禮運云：「飲食男女，人之大欲存焉。」孟子云：「食色，性也。」一般動物，牝牡配合，是其本能活動。這種本能活動，出之於先天，與生而俱有。人類是社會的生物，也有配偶本能，有父母本能，有精神上的情操。他們爲滿足飲食男女的大欲，社會規定婚姻制度，以確立其夫婦關係，「上以事宗廟，下以繼後世」。若男女配合，只爲性的關係，未爲法律與社會禮俗所認許的，卽不能成爲婚姻，更不能成爲夫婦。詩傳云：「婚姻之道，謂嫁娶之禮。疏：嫁，謂女適夫家。娶，謂男往娶女。」很顯然的，男女的結合，要守婚姻的規則，要講嫁娶之禮。孟子滕文公上篇云：「丈夫生而願爲之有室，女子生而願爲之有家，父母之心，人皆有之。不待父母之命，媒妁之言，鑽穴隙相窺，踰牆相從，則父母國人皆賤之。」古代社會風俗習慣，婚姻禮制，男女的結合，由父母之命，媒妁之言。如果男女不依循社會婚姻禮制，而自己去鑽穴隙相窺，踰墻相從，這是違反社會規律，乃是一種不道德行爲。

因爲婚姻的成立，男女當事人，卽成爲夫婦關係。將來生育子女，又發生父母和子女關係，代代相傳不絕，彼此在倫理上、法律上及經濟上，皆有一種義務。若結婚沒有公開儀式，不經法定手續，則未爲社會所認許，夫婦關係，不能確立，而父母和子女關係，亦連帶不能確定。這是說明男女的結合，必須循乎婚姻法則，立定夫婦地位，而在社會單位中爲一完滿的家庭。

三、婚禮之俗與婚姻之俗

一種婚姻，彼此相習，便成爲社會風氣。這風氣所播出的形形色色，就是婚俗。婚俗有二：一是婚禮之俗，即婚禮沿襲的習慣及其演變。二、是婚姻之俗，此俗有正常的，有非正常的。非正常的，是特殊的婚姻習慣。

(一) 婚禮之俗

1. 婚禮之由來

婚禮由何而得名？鄭玄目錄云：「古娶妻之禮，以昏爲期，因而名焉。」這是古人的一種註解。近世有的學者以爲行婚禮於昏黑之時，殆爲古代刼掠婚姻之遺。如梁啓超氏則主張掠奪之說。他引易爻辭：「乘馬班如，泣血漣如，匪寇婚媾。」接着說：「夫寇與婚媾，截然二事，何至相混？得毋古代婚媾所取之手段與寇無大異耶？故聞馬蹄蹴踏，有女啜泣，謂是遇寇，細審乃知其爲婚媾也。」梁氏又主張掠奪婚姻後，尚經買賣婚姻之一級。他說：「婚禮：納采、納徵、納幣，皆以財貨爲禮，或亦由古俗蛻來。至如南北朝時，門第之見極重，寒門驟顯貴者，爭出重聘，攀援故家女爲婚，故家亦往往貪其利而就之。」（見中國文化史）劉師培氏亦主張古代婚姻有掠奪及買賣兩種。他說：「一、親迎必以婚者，則古代刼略婦女，必乘婦家之不備，故必以昏時，後世沿用其法，故以婚禮爲名。二、儷皮之禮，卽買賣婚之俗也。後世婚姻，行納采、納吉、問名、納徵、請期、親迎六禮。納采、納吉，皆奠雁；而納徵則用玄纁束帛，所以沿買賣婦女之俗也。」（見劉師培全集）柳詒徵氏主張古代婚姻不是買賣婚。他說：「古者，相見必執雁，或執羔。國家聘使，則以玉帛，皆所以表示敬禮，不得謂之買賣也。婚姻大道，男下女，女從男，故男子以其所有贈遺於女氏。游獵之民，所有者，惟獸皮，爰以此爲贈品，後世相沿，則委禽焉，非惡俗也。」又有的學者，則引詩經，對「匪寇婚媾」爲另一解說。詩云：「賁如皤如，白馬翰如，匪寇，婚媾。」一個男士，打扮得很漂亮，騎着白馬去求婚，他並不是爲寇，而是求婚的呀。又詩云：「乘馬班如，求婚媾如，乘馬班如，泣血漣如。」一個男士騎着馬去求婚，但碰了釘子，得不到他的允許，他就哭了，騎着馬回來。這一看法，亦不爲無理。

總之，關於婚姻的形成，有的說是出於掠奪；有的說，出於買賣；有的說，出於意願；有的說，出於服務；有的說，出於戀愛；各有各的說法。我以爲婚姻的結合，很自然的出於意願，出於戀愛。人類婚姻的動機，是發之於戀愛的需要，過去生命延續的需要，和未來生命延續的需要。中國婚姻的精神，亦重乎此，就是重仁愛，重人倫，重嗣續。

我國古代，嫁娶以儷皮爲禮，這是婚姻禮俗的開端。大戴禮感德篇：「凡淫亂生於男女無別，夫婦無義。婚禮享聘者，所以別男女，明夫婦之義也。」通鑑外紀：「上古男女無別，太昊始設嫁娶，以儷皮爲禮。正姓氏，通媒妁，以重人倫之本，而民始不瀆。」禮紀世本：「伏義制嫁娶，以儷皮爲禮。」春秋公羊莊二十二年冬，公如齊納幣。何休注，引納徵禮而申之曰：「儷皮者，鹿皮，所以重古也。」所謂重古，就是指明古以漁獵爲生，食肉衣皮的意思。伏義是代表古代之一文物禮制的創始者。以儷皮作婚姻的結合，是表明儷皮通婚，早已成俗，由聖人採取而制定禮法。這是對伏義「制嫁娶以儷皮爲禮」的一個明確的說明。再引淮南子一段話加以解釋。齊俗訓：「顓項之法，婦人不避男子於路者，拂之四達之衢，由是嫁娶取儷皮之俗。」顓項，是黃帝的孫，那時，仍沿伏義所制定的禮法。古代人生活簡單，禮不繁縟，男女相遇於途，一見定情，遂淸道，取鹿皮爲禮而成親。男女結合，富於愛情，情之所鍾，隨遇而折花相遺，亦可結百年之好。詩經關雎云：「參差荇菜，左右采之，窈窕淑女，琴瑟友之；參差荇菜，左右芼之，窈窕淑女，鐘鼓樂之。」男女一對，採得荇菜，由以定情，終成嘉偶。這是一例。唐喬知之定情詩云：「共君結新婚，歲寒心未卜，相與遊春園，各隨情所逐。君愛菖蒲花，妾感苦寒竹，菖花多豔姿，寒竹有貞葉。」菖花寒竹，各遂心愛，亦可定情，永結良緣。這又是一例。

婚姻必待父母之命，是家族制度發展的結果。至於「媒妁之言」，男女關係的產生，視其雙方的需要而定。有的出於機會到來，直接認識，不需人家拉線，進而熱愛，終成眷屬。有的「選花採蝶」，終於緣慳，需人拉線介紹。古今中外，事屬尋常，不足爲怪。

婚姻六禮，載在儀禮的士昏禮和禮記的昏義。昏義云：「昏禮者，將合二姓之好，上以事宗廟，而下以繼後世也，故君子重之。是以昏禮納采、問名、納吉、納徵、請期，皆主人筵几於廟，而拜迎於門外，入揖讓而升，聽命於廟，所以敬愼重正昏禮也。」六禮，是婚姻的儀式，是婚前的禮：

⑴納采　男家托贄物於媒氏，納於女之家，其禮用雁，表示和女家商議婚事。

⑵問名　女家既承諾，則男家具書，問女的年庚八字。

⑶納吉　取得八字以後，則問卜以示敬愼，就是求決於神，卜與此姓結親之吉否。若吉，則告之於女家，用雁，如納采禮。

⑷納徵　納吉旣了，則以儷皮納幣爲定，婚約至此成立，就是訂了婚。

⑸請期　男家具婚期吉日書，備禮物告女家，女家受禮，便定結婚日期。用雁，如納徵禮。

⑹親迎　結婚之日，新郞受父命，先往女家。女父拜迎於門外，登女家廟堂，拜奠雁，後乘新婦車，候於門外，新婦出，新郞揖以入，載之歸家。

用雁爲贄，曰奠雁，取其順陰陽往來之義。胡培翬儀禮正義：「用雁者，取其隨時南北，不失其節，明不奪女子之時也。又取飛成行，止成列，明嫁娶之禮，長幼有序，不相踰越也。」

白虎通義謂：「嫁娶必以春。」周代婚嫁，多在春日，男女配偶，由官媒判合。仲春之際，桃紅柳綠，天氣和暖，人民宜嫁娶。這時，怨女曠夫，未免有情，誰能遣此，故雖奔而不禁。此緣時令的配合，亦循生理的自然。

周禮鄭玄注云：「古娶妻之禮，以昏為期。」可知周代的婚禮，是在昏黑之時舉行。婚禮進行的開始，是親迎。儀禮云：「主人爵弁，纁裳緇衣。從者畢玄端，乘黑車。從車二乘，執燭前導。」這是說明，新郎着黑色禮服，黑夜裏，到女家迎新婦。迎送的人，都穿黑服，連乘的座車，亦是黑色，一切與昏時配襯。不過，黑夜迎親，須要執燭前行照道。夜，是陰時，古時婚嫁，依陰陽之道而制定。今日舊俗白晝迎娶，仍有綵燈代燭而前導。這是周代黑夜迎親，執燭前導的遺意。

親迎時，要用禮物，是用那一些禮物？周禮云：「諸侯以屨二兩，加琮。士大夫以屨二兩，加束脩。庶，以屨。」自諸侯以至士庶，親迎時所持的禮物，或以玉，或以束脩，乃隨其貴賤而異。獨屨二兩，則無分貴賤而必具。可知玉器、束脩、二兩之屨，是古時婚嫁很重要的儀節，這和現在聘娶必用金銀首飾是相彷彿的。

新婦入宅參拜，謂之拜堂。拜堂後，接着行正婚禮。行了禮，便可「合牢而食，合巹而飲」，然後洞房過花燭夜。正婚禮有四：

⑴沃盥　夫婦沐浴以潔身。夫婦始接，情有怕羞，男從、女從交導其志。男從，謂之御，即新郎的侍者。女從，謂之媵，即新婦的侍者。

⑵對席　家設對席，夫婦席須相對。不相對，即不成對席。饌要方正，論語所謂

席不正不坐。

(3)同牢合巹　夫婦對筵，皆坐，皆祭。同牢，謂夫婦的同食。士昏禮疏：「堂前布同牢席，夫在西，歸在東，示以陰陽交會有漸，故男西女東。」合巹，言夫婦的同飲。禮記昏義：「合巹而酳。」疏：「以一瓠分爲兩瓢，謂之巹。新郎之與新婦，各執一片以酳，故云合巹而酳（有飲酒致敬之意）。」昏義謂此乃合體同尊卑以親之。這是象徵夫婦將爲共同生活之意。生活的重要是飲食，故以飲食示之。

(4)餕餘設袵　合巹畢，設袵於房。新郎脫服於房，媵受；新婦脫服於室，御受。姆授巾。新郎入室，親脫新婦之纓，燭出。餕者，食餘饌。是時，晚粧全卸，侍者持燭而出，媵餕男之餘，御餕婦之餘，這表示陰陽蘊藉交接之義，此俗之所謂洞房。

正婚禮後，婚禮便已完成。中國舊俗，尙有行婚後禮者。因爲新郎新婦有其他家屬關係，應有面見正名定分的必要。而家屬中最重要者，莫如舅姑，故有婦見舅姑、婦饋舅姑諸禮。

(1)婦見舅姑　按：妻稱夫之父曰舅，或曰翁。妻稱夫之母曰姑。子之妻或婦，稱曰媳，或曰媳婦。男女雙方先結成夫婦關係，而後男方父母和新婦建立舅姑媳婦關係。禮記昏義：「夙興，婦沐以俟見。質明，贊見婦於舅姑（按：贊，是贊行禮的人。），執笲、棗、栗、腶脩以見。」這就是說，成婚後第二天，黎明，新婦拿了竹器盛着棗子、栗子、薑桂乾肉，作贄禮，謁見翁姑。棗，取早起之義。栗，取戰慄之義。腶脩，取振作之義。

⑵婦饋舅姑　婦饋，是說新婦進男家門後，其婦道已成，成以孝養。凡新婦進門三天，就要下廚燒飯做菜，以饋舅姑，自後主持中饋，以盡孝順之道。唐王建詩云：「三日入廚下，洗手作羹湯，未諳姑食性，先遣小姑嘗。」媳婦做的菜，總期合乎翁姑的口味。

⑶舅姑饗婦　舅姑共饗新婦以一獻之禮，此禮較爲簡單。婚後，家內行三禮，至此告一結束。

古婚禮三段，代表三種意義：婚前禮，表示敬愼之意。正婚禮，表示合體之意。婚後禮，表示婦順之意。

禮記曲禮云：「嫁女之家，三夜不息燭，思相離也。娶婦之家，三日不擧樂，思嗣親也。」又郊特牲曰：「昏禮不賀，人之序也。」可知周朝不以婚禮爲可賀，亦不以爲喜事；其嫁女之家，尤相懷念，有遠別的怨意。所謂三夜不息燭，是表示女兒遠離父母，實在夢寐不安。前漢書宣帝紀云：「五鳳二年，詔曰：夫婚姻之道，人倫之大者也；酒食之會，所以行禮樂也。今郡國二千石，或擅爲苛禁，民嫁娶不得具酒食相賀召，令民無所樂，非所以導民也。」據此，可見到了漢代，始以婚嫁爲樂事。酉陽雜俎云：「古婚禮必用昏，以其陽往而陰來也。今行禮於曉。」是唐時婚禮，已不以夜而在日中了。

2. 婚禮之演變

古婚禮，成於周，而盛於漢，漢以後，歷代相演，就漸漸的變了。有的，其質變，其精神未變。

古代，男女雙方，由於父母之命，媒妁之言，而結兩姓之好。這必有其時代背景和社會背景。六禮的制定，自有牠的根源，而爲周漢時代的產物。婚配所必由的禮，是男女結合行爲的規則。以言六禮，自納采以至親迎，即自議婚以至結婚，是完成婚姻必要的步驟。第一納采，即議婚，憑媒說親，是議婚的本質。因爲媒人是介乎男女雙方之間而爲謀合婚，這是合理而必要的。不過，用雁納采，是多餘了。其次，問名、納吉、求庚問卜，乃囿於迷信，實屬無謂；而用雁如納采禮，更是多餘了。其次，納徵，即訂婚，是經男女兩家同意而成立一種婚姻的信約，其目的在結婚。納幣聘金，流於浪費，亦屬無謂之至。結婚，是人生的終身大事，其功能在立家傳種。所以男女結褵，必隆其儀式，完其手續。在今日而論婚禮變化之大者，則爲新式結婚，如：文明結婚、集團結婚、公證結婚等是。舊式結婚，尙有行之於窮鄉僻壤。新式結婚中男女雙方，由於直接認識，經自由戀愛，得父母的同意而締婚者，此謂之自由結婚，無取乎介紹人的媒介。這是古六禮中納采之一變。但無邂逅機緣，而尙借助乎介紹人者，時有所聞。問名，納吉，在新式結婚中已註銷，這又是一變。納徵之禮，聘金有多有少，似屬難免。至於親迎之禮，普行於新式結婚。這一古禮，習用二千餘年而不變，自有其不變的精神之所在。惟結婚之奢，於今爲烈，實有改革陋習，轉移風氣的必要。

3.古婚禮中之雜俗

(1)傳代之俗　知新錄云：「今人娶新婦，入門不令足履地，以袋遞相傳，令新婦步袋上，謂之傳代。代、袋同音也。白樂天春深娶婦詩云：春衣傳氊褥，錦繡一條斜。古人以氊褥傳遞者，富貴家重其事也。今則不用氊褥而用袋者，重其名也。按輟耕錄謂：傳席以入，則以草席爲之。事同而所用之物，則因時地有不同耳。」新婦傳代，初用氈褥，因較貴重，而後改用布袋，相沿而用草席。這三物各用在新婦行禮上，是具有傳宗接代的同一意義。此俗，唐人已然，如今舊習，尚有所聞。

(2)蓋頭之俗　舊俗婚禮，以帕蒙新婦首，謂之蓋巾，俗稱蓋頭。宋吳自牧夢粱錄云：「凡嫁娶，男家送合（案：合，器名，今通作盒。），往女家，至宅，堂中必請女親夫婦雙全者，開合。及娶，兩新人並立堂前，請男家雙全女親以秤或機杼挑蓋頭，方露花容參拜。」又清趙翼陔餘叢考云：「近時，娶婦以紅帕蒙首。按通典杜佑議曰：自東漢、魏、晉以來，時或艱虞，歲遇良吉，急於嫁娶，乃以紗縠蒙女氏之首，而夫氏發之，因拜舅姑，便以成婦。六禮悉捨，合卺復乖。」古之蓋頭，卽今之蒙首。此俗，起於東漢，歷魏晉而沿襲到今。

(3)交杯之俗　宋王得臣麈史云：「古者，婚禮，合卺。今也，以雙盃綵絲連足，夫婦傳飲，謂之交杯。媒氏祝之，擲盃於地，驗其俯仰，以爲男女多寡之卜，媒卽懷之而去。」此俗始於周代，原以一瓠分爲兩瓢，夫婦各執一片以飲，以示相親相愛，夫婦結合之意。後世相承，用瓠製之而爲盒。宋代，以綵線連結兩杯，夫婦傳飲以相敬。飲後擲地，媒氏用以卜生育之兆。合巹同食，歐美亦有此俗。

(4)撒帳之俗　宋孟元老東京夢華錄云：「凡娶婦，男女對拜畢，就牀，男向右，女向左坐。婦以金錢綵菓散擲，謂之撒帳。」又戊辰雜抄云：「撒帳始於漢武帝。李夫人初至，帝迎入帳中共坐，飲合巹酒，預告宮人，遙撒五色同心花果，帝與夫人以衣裾盛之，云得果多，得子多也。」撒帳以兆得子，俗始於漢。這是一說。知新錄云：「漢、京房之女，適翼奉之子。房以其三煞在門，犯之，損尊長，奉以麻豆穀米禳之，則三煞可避。」自是以來，凡新人進房，以麻米撒之。後世撒帳之俗起於此。撒帳以辟邪煞，俗亦始於漢。這又是一說。

(5)鬧房　新婚之夕，親朋圍坐房中，戲謔百端，謂之鬧房。卽古所謂戲婦和戲壻。抱朴子云：「世俗有戲婦之法，于稠衆之中，親屬之前，問以醜言，責以慢對，其爲鄙黷，不可忍言。」酉陽雜俎禮異云：「近世娶婦之家，弄新婦。」弄新婦，就是鬧房。鬧房之事，有極無禮者。後漢書列女袁隗妻傳云：「帳外聽者爲慙，蓋俗之聽房者。」新婚之夕，親朋好謔，於窗外竊聽新人語及其動作以爲笑樂。故聽房亦屬於鬧房。鬧房之俗，漢時已然，行之久遠，是一陋習。現鄉間雖有所傳，而時潮所趨，勢將絕跡。

(6)看新婦　舊俗新婚，親友看新婦。自六朝以來，已有此習。世說新語：「謝尙書娶諸葛恢之小女，恢在時不允，恢亡乃婚。於是，王右軍往謝家看新婦，容服光整，猶有恢之遺風。」南史齊河東王傳：「武帝爲納柳世隆女，帝與羣臣看新婦。」顧協傳云：「晉宋以來，初昏三日，婦見舅姑，衆賓皆列觀。」後世，非親非故，皆列坐看新婦。此習由來已久。

(7)催妝　催妝者，哀窈窕，思賢才，猶男先於女之意。酉陽雜俎云：「鮮卑風氣所染，而有催妝。」夢華錄云：「凡娶婦，先一日，下催妝冠，帔花粉。」唐時人，成婚之夕，有催妝詩。陸暢爲雲安公主下嫁作詩云：「雲安公主貴，出嫁五侯家。天母親調粉，日兄憐賜花。催鋪百子帳，待障七香車。借問妝成未？東方欲曉霞。」徐安期催妝詩云：「傳聞燭下調紅粉，明鏡臺前作好春，不須滿面渾粧卻，留着雙眉待畫人。」又呂渭老詞彩幅自題新句，作催妝佳闋，則催妝詩後又有催妝詞。自晉歷唐宋，而有此習，此習傳自鮮卑。

(8)障車　古時，男女嫁娶，民間時有障車邀鄉黨僚友酒食，以爲戲樂。唐代此風最盛，上及王公，乃廣奏音樂，多集徒侶，遮擁道路，留滯淹時，遂使障車禮旣，過於聘財，歌舞喧譁，繁華云甚（參見唐會要）。唐天祐中王鍾傳：「女適杜氏，令人走乞障車文于湯篔，命四小吏執紙筆，倚馬而成，其文不傳，想亦催妝之類（參見疑耀）。此習，想亦出自鮮卑，早已不傳。

(二) 婚姻之俗

無論舊式結婚，新式結婚，凡男女婚嫁，循正規的方式，依一定的程序，合情合理，而法之所許者，謂之爲正常的婚姻。謂爲正規的婚姻，亦無不可。就制度言，我國行一夫一妻制，循乎此，則爲正常；背乎此，則爲失常。妻亡再娶，夫亡改嫁，法所不禁，情所難免，但不能視爲不正常。兄亡弟承其配，弟亡兄繼其婦，則近於亂雜，有失倫常。至於租妻典妻，招夫養夫，違情悖理，更不正常。諸如此類，習慣特殊，故稱之爲婚姻的特殊習慣，亦可說是婚姻的變象。這種特殊習慣的形成，必有其原因之所在。揆其原因，不出乎社會生活之一途。社會生活中有的受了經濟條件的支配，子嗣觀念的影響，以及財產繼承權的作用，而產生種種婚姻的特殊習慣。玆舉四種以說明之：

(1)贅婚　女不出嫁而招壻入贅者，謂之贅婚。這一習慣的形成，因素不一。有因女方種種困難，乏人照料，故招壻以服役者，此其一。有因女不忍離開父母，求侶有心，故招壻以入贅者，此其二。有因女家境況窮困，家口又單，故招壻以防窮養老者，此其三。有因人家有女無子，恐世代自此絕，故招壻以接嗣傳代者，此其四。有因兄弟衆多，或隨其所欲，或無力婚娶，故願就婚於女家者，此其五。凡此種種，大多入贅改姓，但不改姓的，亦有其例。贅婚之習，起於周代，相沿至今，而有幾種不同的型式。秦漢之「贅壻服役」，宋之「舍居壻」，元之「贅壻養老」，今之所謂「招夫養子」、「招壻養老」，這類基於招贅求養的心理要求而成婚的，可稱之爲招養婚。這是一個型式。宋之「贅壻補代」，今之所謂「贅壻承祧」，這類本於招贅求嗣的動機，而發生婚姻關係的，可稱之爲招嗣婚，這又是一個型式。贅婚，是招養婚和招嗣婚的統稱，一而二，二而一。

清儒洪亮吉贅於武進趙氏，凌廷堪久客刊江，爲華氏贅壻。孫星衍贅於王采薇，入贅之次年，補博士弟子員。孫氏聰穎工詩，倜儻不羈，邑中時有毘陵才子之目。然頗恃才，不屑經生唔咿態，或縱酒放歌，采薇屢箴勸之。（見王采薇小傳、孫淵如先生全集。）這是淸時一名士贅婚的佳話。

(2)童養婚　有子嗣之家，抱養人家的女兒以爲養女，待其子和養女達適當年齡，卽使之成婚，這稱之爲童養婚。這一習慣的形成，是因女家方面，有女撫養不易，而在男家方面，雖慶有子，而婚費可慮，故先迎女，待年於家，以爲將來之媳，是爲童養媳。又有因女家生女，乏人照顧，送男家撫養，至成年結婚時，送回女家，再前往親迎，或仍在男家行禮圓房。三國志：「沃沮國女，至十歲，壻家卽迎之長養爲媳。」後漢書后紀：「建安八年，操進三憲節華爲夫人，少時待年於國。」可知古東夷有童養婚之俗，而曹操娶親，是童養媳。可見此習發生亦早。徐珂云：「童養媳，幼至夫家，成年結婚。有之者，惟齊民編戶。珂謂：中人之家可蓄之。翁姑任敎養之責。及笄後，使習保姆，則他日教養子女，保育易，成材亦易。」（見大受堂扎記）今之有意於童養者，讀其言，有可取否？

(3)指腹爲婚　古婚俗，兩婦同孕，指腹約定，產後若爲一男一女，則結爲兩姓之好，這稱爲指腹爲婚。古之指腹爲婚，卽今舊俗所稱的胎婚。胎婚，多由雙方父母爲未生兒女預訂婚姻，復經媒氏交換首飾，以待成年結婚。南史韋放傳：「放與張率皆有側室懷孕，因指腹爲婚姻。其後，各產男女，而放以子娶率女，以女適率子。」北史王慧龍傳：「子寶興，少孤，事母至孝，尙書盧遐妻，崔浩女也。初寶興母及遐妻俱孕，浩謂曰：汝等將來所生，皆我之自出，可指腹爲親。」這一習慣，似始於六朝。六朝重門第，士庶之見，深入人心，彼此不得通婚，而胎婚獨行於士族。宋司馬溫公不以此俗爲然，他說：「世俗好於襁褓童稚之時，輕許爲婚。亦有指腹爲婚者，及旣長，或有無賴，或有惡疾，或家貧凍餒，或喪服相仍，或從官遠方，遂致棄信負約，速獄致訟者多矣。先祖太尉書曰：吾家男女，必俟旣長議婚，旣通書，不數月必成婚，故終身無此悔，乃子孫所當法也。」元史刑法志：「諸男女議婚，有以指腹割襟爲定者，禁之。」可知元時禁止指腹爲婚。相演至今，民間尙有所聞，法所不問。試問有心於胎婚者，讀司馬溫公之言而有所感悟否？

(4)典妻　妻之可租可典，實一咄咄怪事。地無論中外，時無論古今，民間都有這種習慣。男女雙方，以典雇方式而確定暫時夫婦的關係，這稱之爲典妻或典婚。典妻習慣的形成，大都是出典者因經濟關係，無力扶養，願將其妻出典他人爲婦；而承典者困艱於聘娶，則典他人之妻爲妻，以求子嗣，爲的想得子以傳代防老，或欲借典妻而取一子，以與嫡庶子享得同一身份而繼承其財產。這樣男女間的關係，完全是一種機械的結合。在宋朝，有陳了翁之父與潘良貴借妻生子之例。元代典妻之風頗盛，讀元典章可知。明清亦相沿成俗。但元明，受法律的干涉，清後，不受法律的約束（詳見拙作中國民族婚姻變象之探討）。此外，尚有親上攀親、招夫養夫、兄終弟及、搶親、冲喜、殤女嫁人、乘凶納婦（居父母喪而婚娶）等習慣，今則雖不多見，但亦偶有所聞（參見民國十九年民商事習慣調查錄、內政部調查報告、司法行政部編印的臺灣省民事習慣調查錄）。

在農業社會，由於民生未裕，知識幼稚，民風固陋，而有這種種婚姻的特殊習慣。行見新政推行，工業發達，社會經濟繁榮，教育文化有所發展，人民知識水準提高，那麼，這些不合時代的生活習慣，自然會改善了。

第四節　喪之禮俗

一、喪禮原始及其發展

喪禮具有二義：一是情，二是理。情，指感情作用。理，指倫理觀念。喜怒哀樂，發乎情。這是心理上意志感情的衝動，表之於樂的，則爲樂的眞情的流露；表之於哀的，則爲哀的眞情的流露。這種眞情，是由內心深處自然發出，不稍加勉強。關於情感的自然表現，禮記三年問篇講得很透切：

「凡生天地之間者，有血氣之屬，必有知。有知之屬，莫不知愛其類。今是大鳥獸，則失其羣匹，越月踰時焉，則必返巡；過其故鄉，翔回焉，鳴號焉，蹢躅焉，踟躕焉，然後乃能去之。小者至於燕雀，猶有啁噍之頃焉，然後乃能去之。故有血氣之屬者，莫知於人，故人於其親也，至死不窮。將由夫患邪淫之人與，則彼朝死而夕忘之，然而從之，則是曾鳥獸之不若也，夫焉能相與羣居而不亂乎？將由夫修飾之君子與，則三年之喪，二十五月而畢，若駟之過隙，然而遂之，則是無窮也。故先王焉，爲之立中制節，一使足以成文理，則釋之矣。」

物類如禽獸，猶知愛其類，喪致乎哀，而況於人嗎。這純眞的感情作用，由孝弟擴充之，及於全人類和物類，則育爲仁民愛物的同情心，誠如詩經所云「凡民有喪，匍匐救之。」

詩經蓼莪云：「哀哀父母，生我劬勞。無父何怙，無母何恃！」又云：「父兮生我，母兮鞠我，拊我畜我，長我育我，顧我復我，出入腹我。欲報其德，昊天罔極。」這是說，父母生我育我，撫養我，處處照料我，刻刻關心我。父母的恩德，如天之高，如地之厚，不知怎樣報答是好。

死生，人之大故，其爲悲哀，無以逾此。讀蓼莪詩而無動於衷，不發乎情的，那就不成其爲人子了。孝子之事親，生則養，沒則喪，亦就是「生則養之以禮，死則葬之以禮」。養生送死，是爲人子者應盡的孝道。這是喪禮所具有倫理觀念的眞諦。

上古之世，穴居野處，死無衣衾棺槨以葬。易繫辭云：「古之葬者，厚衣之以薪，葬之中野。」孟子曰：「上世嘗有不葬其親者。其親死，則擧而委之於壑。」說文云：「葬，臧也，從死，在茻中，一其中，所以薦之。」從葬這一字去解釋，葬字中有一橫，似將屍體放在木板上，上面再用茻覆蓋之。說文云：「弔，問終也。古之葬者，厚衣之以薪，從人持弓會敺禽。」吳越春秋云：「古者，人民朴質，死則裹以白茅，投於中野，孝子不忍見父母爲禽獸所食，故作彈以守之。」急就篇顏注云：「弔，謂問終者也，於字人持弓爲弔。上古葬者，衣之以薪，無有棺槨，常苦禽鳥爲害，故弔問者持弓會之，以助彈射也。」綜各家的註釋，可知弓矢最早的起源，亦因孝子弔問者在外守葬的迫切需要而作。「弔」字，矢貫弓。古時，葬棄中野，禮貫弓而弔，以祓不祥。「弔」字，古文作𢎫，象人形張弓，這顯然表示爲打擊鳥獸之用。古彈歌云：「斷竹，續竹，飛土，逐宍。」（見吳越春秋）譯成今語，就是說，截竹製弓，製了又製，挖土埋葬，驅逐邪害。於此可以考見上古風俗的實情。儀禮既夕禮云：「居倚廬，寢苫枕塊。」疏云：「孝子寢臥之時，寢於苫以塊枕頭。必寢苫者，哀親之在艸。枕塊者，哀親之在土。」注云：「倚木爲廬，以草夾障，不以泥塗。」所謂孝子張弓護葬，倚廬守喪，自有其原始社會感情生活倫理思想的背景。這亦可說是我國遠古喪禮的原始。

上古死者，葬在野外，尸藏草中，或埋於土，用草覆蓋，沒有棺槨之可言。鹽鐵論云：「古者，瓦棺容尸。」後漢書趙咨傳云：「棺槨之造，自黃帝始。」禮記檀弓云：「有虞氏瓦棺。」注云：「始不用薪。」以進化程序考之，既有瓦棺可以容尸，自無須用薪了。就此推知，三代之葬，已用瓦棺，殷商始用木，或瓦木並用。葬用棺後，則有棺斂，斂前浴身沐頭，斂時口須含飯，以布束尸，按服斬衰，古代帝王以人殉葬，以明器從葬，實物從葬。諸凡種種喪儀、喪服、喪制，加以儒家思想的啓發，則爲後世喪禮發展的結果。禮記雜記云：「三年之喪，言而不語，對而不問，廬堊室之中，不與人坐焉。」墨子云：「上士之操喪也，必扶而能起，杖而能行，又哭泣不秩聲，翁縗絰（背僂），垂涕，處倚廬，寢苫枕塊。又相率強不食而爲飢，薄衣以爲寒，面目陷陬，顏色黧黑，耳目不聰明。」墨子主薄葬，就這一段話看來，可知這是從原始喪禮發展而演成周代社會的喪禮習俗。自周以還，歷代相沿，無多改變。

二、喪禮舊習及其改革

喪葬之合情合理的，自成爲禮俗。其不合情不合理的，只能視之爲習俗，其俗易流爲陋俗。中國喪禮儀節，最爲繁雜，而對孝子有過分的約束和要求。正如胡適氏所說：「不幸而做孝子，就要穿着白色的粗麻衣，頭戴白帽，足着草鞋。或者赤足跪在死者的靈前。當有親客到來祭奠的時候，所謂孝子就要跪着，俯首，屈腰去大哭，悲哀到好像要扶而後能起，杖而後能行的樣子。一定要使弔者知道他哭泣之哀。居喪者要寢苫，枕塊，泣血，稽顙，斬衰三日不食，齊斬二日不食，以及三年不啓齒，三年不出門的陋習。在喪葬以前，既有開弔典主等事，安葬後，還要做齋種種。這就是我國喪禮儀式之大概的情形。」讀胡氏之言，具有同感。其中雖有若干改變，但尚有可議之處。

至於喪服，古禮亦有規定，直到近代，遵守不替。大抵皆依家屬親疏之誼和尊卑之分，而制為喪服有等差：斬衰、齊衰、大功、小功、緦麻，所謂五服便是。喪服之複雜，亦無以復加。

再說喪儀，亦極其繁瑣，舉其節目，則有四十餘項。如：一、初終；二、招魂；三、赴告；四、沐浴、飯含；五、銘旌；六、設靈牌；七、小殮；八、大殮；九、弔臨；十、成服；十一、朝夕哭奠；十二、接三；十三、作七；十四、題主；十五、筮宅兆（土葬）；十六、備槨及明器；十七、擇吉安葬；十八、祖奠；十九、領帖；二十、陳器；二十一、發引；二十二、路祭；二十三、安葬；二十四、祭后土；二十五、回靈；二十六、圓墳；二十七、卒哭；二八、祔於宗祠（祖廟）；二十九、週年奠祭；三十、禫祭、除服等等。其中含有習俗成分、迷信成分很多。自周代定儀禮，秦漢六朝相繼沿襲，其中雖有演變，但遵守古禮，不離其宗。唐代有唐開元禮，宋代有宋政和五禮新儀，司馬光書儀和朱子家禮，元代有元典章，明代有明會典，清代有清通禮，歷代雖有變更，但本質上少有改革，而治喪之風，於今爲甚。政府屢有改革之議，應集思廣益，討議精詳，訂一合情合理的儀範，簡而易行，以敦禮俗，以正民風。

第五節　祭之禮俗

一、祭　天

說文解字：「禮，所以事神致福也。從示從豊，豊、亦聲。」又說：「豊，行禮之器也，從豆，象形。」禮的取義，就是事神致福的種種儀節。初民思想極簡單，對於自然界一切不可思議的現象——種種禍福利害，認爲發源於冥冥中的主宰。這冥冥中的主宰，是代表着什麼？就是四種鬼神。那四種鬼神？就是：一、在天的天神，如日月星風雨雷電等，爲有形之青空上有無形之神的存在，名其神爲皇天上帝，而世間萬物均由此皇天上帝所造而受其支配。二、在地的地祇（地示），如山川陵谷等，即山川土地之神。三、人死後的鬼，即祖先。四、百物的鬽，魅之俗字，稱妖怪，即百物之神。初民對於這些至高無上的神靈，想出種種的動作，陳列種種的物品，而供奉他們，崇拜他們，以求福利而免災禍。這種初民的宗教信仰，這種迷信心理，自有他們的社會和經濟的背景。

初民生活，僅藉天然的鳥獸果實，逐水草而居，過這種生活的，是游獵生活。以後從游獵而從事耕稼，過這種生活的，是農牧生活。到了這個階段，人口增殖，所需生活資料漸增，因此，感到獲取的困難。由是產生兩個觀念：一爲取財於地，一是取法乎天。所謂取法乎天，就是祀天的觀念。禮記郊特牲：「社祭土，而主陰氣也。社，所以神地之道也。地載萬物，天垂象，取財於地，取法於天，是以尊天而親地也。故教民美報焉。」

關於祀天的觀念：天之映於我們眼中的，不過是一個自然靑空而實無一物的東西，但其中卻充滿了生生不息的大道。天，卽上帝，爲無形之神，就是天神，是正直的有好生之德的，而且能賞善罰惡的，故不可不敬天畏命而順天道。所謂「順天之則」，書經詩經中皆有類此的記述。畏之順之，則天錫之福：如風調雨順，年穀豐收，而餘慶且及於子孫。如有開罪於天，而違反天道的，天則發種種災異，如月日告凶，陵谷變遷之類，以警戒之，猶不悔，則罰之（參考蔡元培：中國倫理學史）。

天神之下，有地祇，卽山川林澤之神，社神、穀神、土地之神、社稷之神。這些地祇，也是天地間冥冥中的主宰者。祭天，祀天，廣義的說，可包括天神、地祇、萬民對之所由以信仰的，就是生生不息以綿延種族，祈求物產豐盛，以充裕民生；求免水旱的凶災，以保障民命。一切崇拜的神明，大多屬於人民生存和生活的，這是我國農業社會的特徵。舊俗，過年度節，皆拜天神。男婚女嫁，亦要拜天地。臺灣一隅，於農曆一月九日，拜天神，尊之爲玉皇上帝。以紀生成保育萬物之德。

二、祭　社

(一) 祭社之源

古代，皇天后土並稱，皇天是天神，后土是地祇。周禮春官太祝云：「先告后土。」注：「后土，社神也。」地祇，卽社神，包括社稷、五祀、五嶽、山川林澤、四方百物之神。地祇之中，以社稷爲首要。社是指土地，稷是指穀類。土和穀，是「同功均利而養人」，是民生最關重要的問題。人類所賴以維持其生存者，最需要的，是生活資料，是食物。食物之中，主要而不可或缺的，是穀類。穀類，皆從地所出。沒有土地，則穀類無所寄以生長。所以，地對於民生有密切的關係。因此，古人選一土方以爲人民生計的標識，這就是古之所謂「社」。說文：「社，地主也。」社爲地之代表。人類有生育和生存的衝動，由於這些衝動，遂發生宗教信仰而崇奉於天，又萌起經濟觀念而崇拜乎地。白虎通社稷篇云：「王者，所以有社稷何？爲天下求福報功。人非土不立，非穀不食，土地廣博，不可徧敬也。五穀衆多，不可一一而祭也，故封土立社，示有土也。稷，五穀之長，故封稷而祭之也。」社和稷合稱爲社稷，稷非土無以生，土非稷無以見生生之效。故有社必有稷，有稷必有社。土和穀既互有關係，而社稷則有功於人類生活。古人對此很重視，懷之不能忘，故奉社稷爲土穀之神，而設壇立廟以祭之，稱之爲祭社，亦就是祀社。祭社之俗，民間相沿至今不絕。

(二) 祭社之演變

遠古時代，以食物穀類從地之所出，而地之利有裨於民生，故選一民戶聚居的土方，以爲人民生計的標識，這標識，就是社。淮南子齊俗訓云：「社祀，有虞氏用土，夏后氏用松，殷人用柏，周人用栗。」論語宰我答魯公問：「夏后氏以松，殷人以柏，周人以栗。」據此可知社祀，夏代以前，用土爲標識。自後相演，夏代用松，殷代用柏，周代用栗，便用一種樹木替代土地作爲社的標識。白虎通社稷篇云：「社稷所以有樹，何?尊而識之，使人民望見師敬之，又所以表功也。」這說明，以社稷有功德於民，故尊之爲社神，爲部族的保護神。就圖騰教的原始信仰來解釋，夏代用松的，則以松樹爲社神的象徵。殷代用柏的，則以柏樹爲社神的象徵。周代用栗的，則以栗樹爲社神的象徵。這可說是古代社祀的原始。

周代，農業已盛，最重社稷。周禮小司徒：「凡建邦國，立其社稷。」稱國家曰社稷，以示國之本在農，即以農爲立國之本。禮記曲禮：「國君死社稷。」又檀弓：「能執干戈以捍衞社稷。」凡此，表示社稷的存亡，爲國家的存亡。古之立國者，皆有社，行郊社之禮。「郊」字的本義，爲國邑之外。許慎說文解字云：「距國百里爲郊。」在距國邑百里之郊外，設立祭壇，以祭天帝，謂之郊祀。郊祀天帝，僅是天子之禮，諸侯沒有郊祀禮。禮記祭法云：「有天下者，祭百神。諸侯在其地者，則祭之。亡其地，則不祭。」孔穎達疏：「有天下者，謂天子也。天子祭天地四方。言百神，舉全數也。諸侯在其地則祭之者，諸侯不得祭天地。若山林川澤在其封內而益民者，則得祭之。如魯之泰山，晉之河，楚之江漢是也。亡其地則不祭者：亡，無也，謂其境內無此山川等，則不得祭之也。」禮記王制云：「天子祭天地，諸侯祭社稷。」諸侯不得祭天地，是指郊祀之禮。但諸侯可祭社稷，即可祭土穀之神——社神。宗法封建，起於上古，至周而益嚴密。在天子而有太社和王社，在諸侯而有國社和侯社；大夫以至庶人，成羣立社，州有州社，縣有縣社，里有里社。（參見周禮天官、地官，禮記祭法、祭義。）有此種種組織，以遂其政治上、宗教上的作用。古者，二十五家爲里，里各立社，卽以二十五家爲一里社（有云：百家爲里社，卽合四里爲一里社。記此以待考）。二千五百家爲一州社。凡民間所私立之社，稱爲里社（見陳立白虎通疏證）。太社、國社、州社、縣社，卽後世所稱的官社。里社，卽後世所稱的民社。祀官社的，爲官祀。祀里社的，爲民間之祀，卽民祀。官祀，祭社稷神。民祀，祭土地公。可見古代祭社，是一極普遍的習慣，自天子以至庶人，皆得行之。自古以來，此俗相傳，歷久有所演變。明初，頒設社稷壇於京師及各府州縣。里社，則每里一百戶，立壇廟一所，以祀社神。後來，通稱土地神，俗稱土地公。唐元稹社公詩云：「農收村落盛，社樹新團圓，社公千萬歲，永保村中民。」引此一千二百餘年前唐人的詩詠，以見社神之深入人心。設在北京的社稷壇，遜淸於每年春秋二仲月致祭，取春祈秋報之義，這是古天子祭社稷的遺俗，民國時停祭。社稷壇遺址，改爲中央公園。從此以後，中央和地方官祀均廢，惟民間祭社，依然流行。每逢社日，城鄉祀社歡聚，俗最近古。明王穉登云：「里社之設，所以祈年穀，祓災祲，洽黨閭，樂太平而已。」（吳俗編）祭社之意，不外乎此。一社之中，有社主謀公共的福利，用祀神的方式，聯絡鄉黨的感情，促進地方的團結，這未始不是祀社的社會功用。現在，全國還有好多地方保存着這種習俗。無論城鄉以及陌路阡頭，隨處可見廟壇的建立。農曆二月二日，土地神誕，男女老幼，供祭拜社公。

三、祭　祖

（一）祭祖之始

馬驌繹史引證竹書紀年及博物志：「黃帝崩，其臣左徹取衣冠幾杖而廟祀之。」這是祭祖的開端。後來，歷代帝王根據這意義，而產生祖宗的祭祀。國語魯語云：「有虞氏禘黃帝而祖顓頊，郊堯而宗舜。夏后氏禘黃帝而祖顓頊，郊鯀而宗禹。商人禘舜而祖契，郊冥而宗湯。周人禘嚳而郊稷，祖文王而宗武王。」禮記祭法云：「有虞氏禘黃帝而郊嚳，祖顓頊而宗堯。夏后氏亦禘黃帝而郊鯀，祖顓頊而宗禹。殷人禘嚳而郊冥，祖契而宗湯，周人禘嚳而郊稷，祖文王而宗武王。」

從上之所舉而考釋之，祖和宗，原是一種祭祀的名稱，並不是以血統為標準，乃是以「功」「德」為祀祖的標準。所謂「祖有功，宗有德」是也。鄭玄注云：「有虞氏以上尚德，禘郊祖宗，配用有德者而已。自夏以下，稍用其姓氏之先後次第。」這是指出古代祀祖的淵源：有虞氏以上祀祖是尚「德」，這「德」或「功」是象徵什麼？以我所見，是象徵古代氏族組織中的領袖。這領袖，就是一個非常人物。這非常人物，被認爲是神聖的，或有功於創業，或造福於人羣，其中只有崇德報功的信仰關係，還沒有產生血緣關係的觀念。就有虞氏來講，舜父是瞽瞍，祖父是橋牛，爲什麼不宗瞽瞍而宗堯？不祖橋牛而祖顓頊？其「尙德而不尙血統」之義甚明。到夏后氏，以迄殷商，方始循姓氏，重血統，而有「郊鯀而宗禹」「祖契而宗湯」之血統的祭祀。從此把血統上祖宗的祭祀，看得很重要了。

到了周代，進一步的有「郊祀后稷以配天，宗祀文王以配上帝。」這樣，把祖宗跟上帝並列。禮記所說的「萬物本乎天，人本乎祖」的敬天尊祖的宗教觀念，因以確立。天上最尊嚴的是上帝，地上最尊嚴的是天子，陰間最有權力的是祖先，陽間最有權力的是家長。這兩種觀念，互相結合推演，上帝和天子合爲一體，祖先也可以配天，於是形成一種混合宗教。周代的封建制度下，對這宗教觀念特別濃厚，在政教上發生合一的作用。

在中國，人人崇拜祖先，亘古今而不衰。所以祭祖的禮俗，是家族組織中所最重視的，而這禮俗，行之又最普遍。如果說中國有宗教的話，那麼，這種宗教，就是拜祖教。

（二）祭祖之意義

祭祖的意義，約有下列幾點：

一、有報本返始的意思　禮記祭義云：「聖人返本復始，不忘其所生也。」又云：「祭先所以報本也。」原來，古人對於「生來不忘其本」，「飲水而思其源」這一點，是非常重要的道德。所以祭法中所說的祭祖制度，有天子七廟，諸侯五廟，大夫三廟的規定。禮記王制：「天子七廟：三昭三穆與太祖之廟而七；諸侯二昭二穆與太祖之廟而五；大夫一昭一穆與太祖之廟而三。」禮記祭統：「夫祭有昭穆。昭穆者，所以別父子遠近長幼親疏之序而無亂。」這七廟、五廟、三廟中，就有始祖（太祖）的一廟，各紀念他們宗族的由來。所謂「祖」，通俗的說，凡父之父以上，皆稱祖。天子祖七廟，卽祭其父之父以上者六代，以及其始祖。諸侯祖五廟，卽祭其父之父以上者四代，以及其始祖。好像我們中國人一定要追思老祖宗——黃帝一樣。這種不忘本的思想，藉祭祖的方法來宣揚。假使一個人忘掉祖宗，便爲社會所不齒。這可以說是中國人「盡孝」的美德。

二、有教訓孝道的意思　禮記祭統云：「夫祭，教之本也，外則教之以尊其君，內則教之以孝其親。」祭義云：「一舉足不敢忘父母，一出言不敢忘父母，君子跬步不敢忘孝也。」這是一種教孝的方法。孝道，是中國倫理的骨幹，也含着宗教的思想。所以對於小孩子最注重的教育，便是這種倫理精神的灌輸。祭祖，也是這種兒童教育中的一種方法。

三、有團結宗族的意思　中國的社會組織，是以家族爲基礎。孝爲百行之本，是維繫家族之紐，要把這紐拉長，由家族擴大而結爲宗族。每一大族，必定建立一個宗祠，每年定期行祭祖禮。所以家族、宗族，在社會組織上是可以用作國族團結的基礎。國父說：「家族、宗族，是國族之基。」就是這個道理。有一事象要注意的，是往往發生家族主義的流弊。這種流弊，乃起於狹隘的家族觀念。所以要把家族觀念拓開而具有國家觀念。這是孝道擴充而有其社會和政治的功能。

紀念祖宗，是要切實的把祖宗的德行，在我們生活上實踐做到，而有所發揮。紀念祖宗的儀節，有家祭、廟祭、墓祭、祠祭。

總而言之，中國的孝道，實是一種宗教化的倫理。祭統云：「孝子之事親也，有三道焉：生則養，沒則喪，喪畢則祭。養則觀其順也，喪則觀其哀也，祭則觀其敬而時也。盡此三者，孝子之行也。」這跟孔子所說的「生事之以禮，死葬之以禮，祭之以禮」同一意義。中國是以倫理立國的，而倫理的中心，就是孝。對於孝道的培養，確是教育上的重要問題。

「現在世界最文明的國家，講到孝字，還沒有像中國講得這麼完全。所以孝字更是不能不要的。」（民族主義六講）　國父很重視孝道。孝道，是中國倫理文化的特色。

孝的三達道：一爲「生則事之以養」，二爲「喪則事之以葬」，三爲「喪後事之以祭」。概括言之，卽爲養生送死。養生，屬於人生的倫理。送死，屬於宗教的倫理。

孝經中認爲盡孝道，首是生養。論語：「子游問孝。子曰：今之孝者，是謂能養。」中國固有的孝道，首在奉養父母，問安視膳，甘旨奉親，自甘藜藿。其次就是父母去世，則「事死如事生，事亡如事存。」綜而言之，卽事生以盡孝道，事死以重孝思。祭祖，就是孝思的表示。禮記祭義：「君子生則敬養，死則敬享，思終身弗辱也。」孝經：「孝子之事親也，居則致其敬，養則致其樂，病則致其憂，喪則致其哀，祭則致其嚴。五者備矣，然後能事親。」是孝子之事親，生則養，死則祭，終其身殆無時不受孝思的支配。

宋程伊川曰：「冠、昏、喪、祭，禮之大者，今人都不理會。豺獺皆知報本，今士大夫家多忽此，厚於奉養，而薄於先祖，甚不可也。某嘗修六禮大略，家必有廟，廟必有主，月朔必薦新，時祭用仲月，冬至祭始祖，立春祭先祖，季冬祭禰，忌日遷主，祭於正寢。凡事死之禮，當厚於奉生者。人家能存得此等事數件，雖幼者可使漸知禮義。」張伯行集諸家註釋而解曰：「冠以責成人，昏以承祭祀，喪以愼終，祭以追遠。四者，禮之大者，當講求而行之也。孟春，獺祭魚；季秋，豺祭獸，言物類皆知報本也。六禮：冠、昏、喪、祭、鄉飮酒及士相見也。程子自言，嘗修其大略。此以祭禮言之，家必有廟，以奉高曾祖之四代神主。每月朔日，必薦新物於家廟，然後敢食。四時正祭，則用仲月。冬至，陽生之始，則祭初生之祖。立春，生物之始，則祭先代之祖。謂自高祖以上至始祖以下，祧藏之主也。季秋，成物之始，則專祭禰，謂考妣也。至於親之忌日，則奉主祭於正寢。蓋廟中尊者所據，又同室難以獨享，故於正寢可以盡思慕之意。此雖禮之大略，然其祭儀設饌，皆當厚於奉生，以見仁人孝子極其誠敬精潔，事亡如事存也。此報本返始，禮義之大者，誠無時而可忽矣。」（小學集解）

程子生於宋世，嘗修六禮大略，其一言一語，是有感乎當時祭祖之情而發。玆舉其說及張氏的集解，以覘九百餘年前祭祖禮俗之一般。以古證今，蓋有可述者。姑就現行的習俗，綜合的說一說。我中華民族的祖宗，傳下以忠孝仁愛爲中心的倫理思想，從中孕育發展而爲修齊治平的大道，歷數千年相演相嬗而不替。孝思，孝道，是鞏固社會組織之一倫理精神，是我國固有文化的特質。祭祖，是這倫理精神的具體表現，是我國人優良的生活習慣。且就節序禮俗中一一舉來，首先，如春節前夕的除夜，春節元旦，除清明節墓祭外，又如端午節、中元節、冬至節，每月朔日、望日，焚香設饌，舉行家祭，有的還行祠祭，有家廟的則行廟祭。家家拜獻祖先，人人不忘祖宗。孝思在衷，孝道克盡。擴而充之，則爲民族盡孝，爲國家盡忠。

四、祭先聖先賢

禮記祭法云：「夫聖人之制祭祀者也，法施於民者，則祀之；以死勤事者，則祀之；以勞定國者，則祀之；能禦大災捍大患者，則祀之。」以今語釋之，除祭天祭社祭祖外，凡一、有功於民者，二、爲公務而殉職者，三、有安邦定國之勳勞者，四、爲大衆防止巨災者，五、保衞民衆解除痛苦者，皆列祀典。這五類，可以三義概括之：一爲先聖，二爲先賢，三爲先烈。古今先聖先賢，令人崇仰而永垂紀念者，數舉以示範例。

1.祭黃帝　自北京人的發見，可以證明中華民族已有五十萬年的歷史，這一段漫長的歷史過程，其中種種的演化，渺不可考。但中國的文化歷史，至少開始於五千年前的黃帝時代。黃帝滅蚩尤，逐獯鬻，統一中原，國基以定。凡開物成務之道，宮室器用之制，粲然以備。黃帝，眞是中國文化歷史創始的象徵，其功永世不沒。國定四月二十四日，遙祭黃帝之陵。

2.國父誕辰　國父孫中山先生學貫中西，博綜古今，領導羣倫，致力國民革命，推翻專制，締造共和；創三民主義、五權憲法，立孫文學說，定建國大綱；揭世界大同的指標，樹民主建國的規模。立言、立德、立功，三垂不朽。國定十一月十二日，集會紀念　國父誕辰。

3.孔子誕辰　春秋之世，孔子生有聖德，學而不厭，誨人不倦，刪詩書，訂禮樂，贊周易，修春秋，盡以其學，有教無類；集古來思想的大成，開儒學的始基，爲百代的師表，後世稱至聖先師。九月二十八日，爲孔子誕辰，亦爲國定敎師節。是日，集會紀念，舉行釋奠典禮，以揚聖道。

4.祀鄭成功　明永曆十五年，鄭成功爲國效忠，自閩率官兵二萬五千餘人渡海，攻取臺灣，驅逐侵據已達三十七年的荷蘭守軍，收回失地，開始治臺。披荊斬棘，大興建設，崇尚教化，政風以立。臺灣的開拓得有今日，鄭氏之功不可沒。在臺南，設延平郡王祠，以永祀之。

五、祭先烈

凡屬忠勇志士，不惜犧牲，爲革命而成仁，爲衞國而取義者，皆稱之爲先烈，國家祭而祀之，此謂之祭國殤。祭先烈有二：一爲春祭國殤，二爲秋祭國殤。

1. 春祭國殤　國父領導革命，凡數十年，革命先烈之聞風興起，以身殉難者，不知凡幾。清宣統三年三月二十九日，黃興等率衆起義，焚襲兩廣督署。事敗，黃氏受傷走免，其餘殉難的，有七十二人，因稱七十二烈士，叢葬於廣州黃花崗，故又稱黃花崗烈士。民國成立，以其起義之日定爲革命先烈紀念日。後又國定爲青年節，以激勵青年革命的精神。三月二十九日，各界集會紀念，公祭革命先烈。

2. 秋祭國殤　日本軍閥侵略中國，蓄意已久，初則有九一八的事變，繼則有一二八的淞滬事變；終則日寇於民國二十六年七月七日以暴力掀起蘆溝橋事件，謀我益亟。我政府於此忍無可忍，遂宣示長期抗戰到底。於八年抗戰中，我軍民拋頭顱，灑熱血，犧牲之烈，亘古未有，眞可以驚天地而動鬼神。以我全民抗戰精神的堅強，不屈不撓，終於獲得勝利。民國三十四年九月二日，日本俯首投降，抗戰由是結束。國定三日抗戰勝利紀念日爲軍人節。是日，集會慶祝，公祭國殤。國殤，是爲國效忠而犧牲的仁人將士，奉准入忠烈祠。其中包括革命先烈，以及爲抗戰、剿匪陣亡的國軍將士和其他死於國事者，皆列祀。

第六節 節序禮俗

節序一詞，就字義上解釋，是指一歲的時序，就是一歲中節日的程序。謂爲節令，亦無不可。換言之，即謂之歲事。一年四季，政府民間，有多少節日，或爲歲時誌慶之事，或爲歲時祭祀之事，或爲歲時娛情之事，凡此種種，皆於本節中作有系統的分析。

中國以農立國，自古對於歲時節序，極爲注重。人之生世，離不開自然環境和社會環境，而有其種種的生趣活動。在日常活動中，油然激其所思，攄其所欲，何所取樂以治心，何所紀念以慰情。循是歷久相沿，遂致習慣成自然。這種生活習慣，表之於歲時節序的，則成爲節序禮俗。一年之中，節序禮俗，主要的有四：一、新年禮俗，二、清明禮俗，三、端午禮俗，四、雙十節。

一、新年禮俗

（一）新年禮俗的來源

我國在夏代，以立春的寅月爲新年，稱爲「建寅」；在商代，以丑月爲新年，稱爲「建丑」；在周代，以立春前二個月的子月爲新年，稱爲「建子」；在秦代，以亥月爲新年，稱爲「建亥」。到了漢代，因爲「建丑」、「建子」、「建亥」度新年；不適於農事氣候，遂復以寅月爲新年。自漢迄清，一直採用「建寅」的曆法。這是沿襲夏代的傳統，故稱爲夏曆。夏曆新年的正月初一日，稱爲元旦。元旦，謂之四始，卽歲之始，月之始，日之始，時之始；亦謂之三元，卽歲之元，月之元，時之元；又謂之三朝，卽歲之朝，月之朝，日之朝。元旦，又稱元日。

杜佑通典云：「漢高帝十月定秦，遂爲歲首七年，長樂宮成，制羣臣朝賀儀。武帝改用夏正，亦在建寅之朔。」由是可知元日慶賀，則始於漢高祖。

自漢代以迄清末，二千餘年來，歷代皇家，每逢元旦，皆行朝賀之禮。這在漢代可說是新年禮俗的開端，但這禮俗僅見之於皇家，而在民間，尙未有所聞。考新年禮俗發展之迹，其俗行之於社會民間的，似從晉代開始。

試先就漢、魏、晉、唐四代，舉其代表性的詩賦典籍，從中略窺元日朝賀的情景。

1. 漢官儀云：「正月旦，天子御德陽殿臨軒，公卿大夫百官，各陪位朝賀。蠻貊胡羌，朝貢必見，屬郡計吏皆陛覲。」

2. 班固東都賦云：「春王三朝，會同漢京。是日也，天子受四海之圖籍，膺萬國之貢珍。內撫諸夏，外綏百蠻。爾乃盛禮興樂，供帳置乎雲龍之庭。陳百寮而贊羣后，究皇儀而展帝容。於是庭實千品，旨酒萬鐘，列金罍，班玉觴，嘉珍御，太牢饗。爾乃食舉雍徹，太師奏樂，陳金石，布絲竹，鐘鼓鏗鍧，管絃燁煜。抗五聲，極六律，歌九功，舞八佾。韶武備，泰古畢。四夷間奏，德廣所及。僸佅兜離，罔不具集。萬樂備，百禮暨。皇歡浹，羣臣醉。降烟熅，調元氣。然後撞鐘告罷，百寮遂退。」

3. 魏陳思王曹植元會詩云：「初歲元祚，吉日惟良，乃爲嘉會，宴此高堂。衣裳鮮潔，黼黻玄黃，珍膳雜遝，充溢圓方。俯視文軒，仰瞻華梁。願保玆喜，千載爲常。歡笑盡娛，樂哉未央。皇家榮貴，壽考無疆。」

4. 晉傅玄朝會賦云：「考夏后之遺訓，綜殷周之典制，採秦漢之舊儀，肇元正之嘉會。於是先期戒事，衆官允敕。萬國咸享，各以其職。翼翼京邑，巍巍紫極。前三朝之夜中，庭燎晃以舒光。華燈若乎火樹，熾百枝之煌煌。俯而察之，如亢燭龍而炤玄方。仰而觀焉，若披丹霞而鑒九陽。」

5. 唐王建元日早朝詩云：「大國禮樂備，萬邦朝元正。東方色未動，冠劍門已盈。帝居在蓬萊，肅肅鐘漏清。將軍領羽林，持戟巡宮城。翠華皆宿陳，雪仗羅天兵。庭燎遠煌煌，旗上日月明。聖人龍火衣，寢殿開璇扃。龍樓橫紫煙，宮女天中行。六蕃陪位次，衣服各異形。舉頭看玉牌，不識宮殿名。左右雉扇開，蹈舞分滿庭。朝服帶金玉，珊珊相觸聲。泰階備雅樂，九奏鸞鳳鳴。裴回慶雲中，笙磬寒錚錚。三公再獻壽，上帝錫永貞。天明告四方，羣后保太平。」

6. 唐盧延讓觀新歲朝賀詩云：「龍墀初立仗，鴛鷺列班行。元日燕脂色，朝天樺燭香。表章堆玉案，繒帛滿牙牀。三百年如此，無因及我唐。」

綜上所舉，可見古代皇家朝賀的大典，是如何的隆重。其宮苑的壯麗，設備的輝煌，衣冠的盛集，儀仗的森嚴，形形色色，不可方物。載歌載舞，齊來賀新年。這一禮俗，相沿而至清末，國體有更易，卽由專制而改爲共和。其意義的重大，就是，由私天下而轉爲公天下，改朝賀，舉國慶。

民國紀元前一年（公元一九一一年）十月十日，武昌首義，清室敗亡，於是，專制推翻，共和肇造，選 國父孫中山先生爲臨時大總統，於次年元日就職。頒定國號爲中華民國，改元爲中華民國元年。是日，舉國上下，分別集會慶祝，並舉行團拜。自民國元年以迄於今，每逢一月元旦，全國懸旗結綵，停市休業。這是國家大事，隆重紀念，禮俗無改。

中華民國成立以後，雖然廢止了「建寅」的夏曆而改用公曆，每年以陽曆一月一日爲新年元旦。但民間的生活習慣，富有惰性，改變不易。我國農曆，行之已久，過年過節，仍循農曆，積習難除。

至說民間新年禮俗之起於晉代，這是我的一種觀測。魏晉亂世，人思黃老之治，士懷恬澹之德，好清談，以陶情。這種風氣，是一時代生活的反映，可能引起民間娛情心理的發展。

晉書熊遠云：「履端元日，正始之初，有識之士，於是觀禮樂，榮耳目之觀，崇玩弄之好。」這一段話，隱隱中表露出晉代民間年俗的情景。晉周處撰風土記，梁宗懍撰荆楚歲時記，這兩書，對於節序習俗，皆有所記述。其他典籍，如晉王嘉拾遺記、裴玄新語、崔豹古今注、咸康起居注等，亦有可資探討。所謂「守歲圍爐」、「歲除逐儺」、「爆竹除邪」、「畫鷄服鬼」、「新正拜賀」、「獻歲宴飲」、「上五辛盤」、「進屠蘇酒、膠牙餳」，這類雜俗節物，皆起於晉代。

晉、梁、唐、宋幾代詩人，頗多唱詠歲時之作，略舉如下：

1.晉傅元詩云：「元正始朝享，萬國執珪璋，枝燈若火樹，庭燎繼天光。」

2.梁庾肩吾詩云：「歲序已云殫，春心不自安。聊開百葉酒，試奠五辛盤。」

3.唐白樂天詩云：「弟妹妻拏小姪甥，嬌癡弄我助歡情。歲盞後推藍尾酒，春盤先勸膠牙餳。」

4.唐張子容詩云：「土地窮甌越，風光肇建寅。挿桃銷瘴癘，移竹近堦墀。半是吳風俗，仍爲楚歲時。更逢習鑿齒，言在漢川湄。」

5.唐盧仝詩云：「殷勤惜此夜，此夜在逡巡。燭盡年還別，鷄鳴老更新。儺聲方去疫，酒色已迎春。明日持杯處，誰爲最後人。」

6.宋王安石詩云：「爆竹聲中一歲除，春風送暖入屠蘇；千門萬戶曈曈日，總把新桃換舊符。」

7.宋戴復古詩云：「掃除茅舍滌塵囂，一炷青香拜九霄。萬物迎春送殘臘，一年結局在今宵。生盆火烈轟鳴竹，守歲筵開聽頌椒。野客預知農事好，三冬瑞雪未全消。」

8.又詩云：「衣冠拜元日，樽俎對芳辰。上下二百位，尊卑五世人。」

9.宋范成大詩云：「質明奉祠今古同，吳儂用昏蓋土風。禮成廢徹夜未艾，飲福之餘即分歲。地爐火軟蒼朮香，飣盤果餌如蜂房。就中脆餳專節物，四坐齒頰鏘冰霜。」

從這些文學作品的描摹，可以窺見古代新年雜俗之一斑。再從歷代名人繪畫中，亦可窺見一二。如：宋李嵩的歲朝圖與觀燈圖，元人的春景貨郎圖，明宣宗的三陽開泰圖，明吳彬的歲華紀勝與月令圖，明劉原起的歲朝豐樂圖，明戴進的太平樂事圖，清丁觀鵬的太平春市圖、繪范成大爆竹行與始和太簇圖，董邦達的繪范成大分歲詞，姚文翰的歲朝歡慶圖等（國立故宮物院藏品）。

（二）現今流行的新年禮俗

在一歲節序中，新年是首一的開始。國定每年陽曆正月一日爲中華民國成立紀念日。是日，中央及地方，分別集會慶祝，並舉行團拜。因爲民間狃於積習，仍循農曆過節，從民國十八年起，稱之爲春節。因爲守歲和新年緊連一起，故並說除夕之俗。

十二月晦日，是月窮歲盡之日。禮記月令：「日窮於次，月窮於紀，星回於天，數將幾終，歲將更始。」這一末日之夜，是除夕，俗稱大節夜，或大年夜。意謂舊歲到這一夕而革除，明天就另換新歲了。這一年中的人事，至是始告結束。我國民族習慣，向來崇尙淸潔。元旦履端肇慶，萬象更新。是夕，家家戶戶，長幼沐浴，整容潔體，以迎新歲，名洗年殘，卽取除舊生新之義。懸祖先畫像於堂中，設香爐柑桔茶酒，做羹飯，祀祖先，祭衆神。祀畢，設酒食聚飲，長幼咸集，共話團圓，名分歲酒，俗謂年夜飯。子弟向家長拜慶，曰辭年。家長以錢遍給家人，謂之壓歲錢。早年，用紅線穿制錢賞賜兒童，今則已廢。歲首，市肆停業休息，故除夕作炊，必備數日之餐，並供新年饗客之用，俗云宿歲飯。周處風土記：「歲暮，家家具殽蔌爲宿歲之貯，以迎新年，相聚酣飲。」可知宿歲飯之稱，沿用很久而又普遍。家家挿松柏、竹青、臘梅、天竹，或兆節節高，或卜年年青。戶戶貼春聯，嘉言滿紙，可以益智，可以勵俗。有的，尙依舊習，換桃符，以辟邪。灶頭廚尾，收拾淸楚，便灑掃門閭，去塵穢，淨庭戶。把掃餘的廢物，作垃圾的處理，俗謂之送窮。隨後，放爆竹，辭舊年而關門。滿堂燈燭，光接晨明，唐儲光羲詩所謂「闔門守初夜，燎火到淸晨。」便是。這說是迎新接光。老少圍爐團坐，或夜半就寢，或通宵不眠。除夕守歲，以待鷄鳴。荆楚歲時記所謂「正月一日，鷄鳴而起。」卽是守歲的遺意，亦可爲早起習慣的鼓勵。唐孟浩然詩云：「五更鐘漏欲相催，四氣推遷往復同。帳裏殘燈猶有燄，爐中香氣盡成灰。漸看春逼芙蓉枕，頓覺寒銷竹葉杯。守歲家家應未臥，相思那得夢魂來。」舉這一首唐詩，以說明一千餘年前形成的年節習慣，所謂「守歲圍爐」、「傾壺待曙」者，尚見之於今日流行的遺俗。一年結局在除夜，難得休閑話家常。想起，當年闔家團聚聯歡，抒親情，勵來玆，實是天倫的樂事，亦是人生的眞趣。

初一日（元旦）清晨，男女老幼，潔治衣履，焚香禮天地，祀祖先，拜尊長。親友相揖，各道新禧。雖窮鄉僻壤，莫不盡然。尤其村閒農人，終歲勤勞，今逢春節，以嬉以遊，別是一種樂趣。鄭板橋田家苦樂歌：「祝年年多似此豐穰，田家樂。」「笑山妻塗粉過新年，田家樂。」由今視昔，其描述農人生活，深切有味。

(三) 新年禮俗的分析

新年禮俗，是歲時節俗之一種，故亦稱之爲新年節俗，或照政府規定，稱之爲春節。這一節俗，含有數種意味，分析來看，大致可分爲四部分：一、關於禮俗方面，二、關於雜俗方面，三、關於節物方面，四、關於樂趣方面。

1. 關於禮俗者

一般習俗中，含有禮的成份的，則爲禮俗。除夜要祭天祀祖，新正亦要祭天祀祖，這在春節中是很有意義的。祭天，是敬天的表示；祀祖，是尊祖的表示。敬天尊祖，卽以祖配天。天公，在信仰上是冥冥中的主宰，而有好生之德。祖先，在倫理上是人生的根本，而有生生之德。中國人的倫理思想，是反始報本，愼終追遠。所謂報本、追遠，是當子孫的，要尊祖——對祖先要盡其孝思。「以祖配天」，是中國人的最高信仰。這種信仰，融合於倫理思想，此乃中國文化的特徵。所以祭天祀祖，可說是中國固有的文化。這一節令文化，相演相嬗，歷數千年而成爲優良的禮俗。

天主教羅馬教廷於公元一九三九年十二月解除中國教徒不得祭祖祭孔的禁令。于樞機主教於民國六十年發起春節元旦祭祖大典，以表彰倫理，而激發愼終追遠的孝思，這是值得倡導的。

賀年中拜尊長，亦是禮俗之一。尊長，在倫常輩分之中，是指長輩、老輩，而有內外之別：一是家族內的長輩（父母及其上幾輩），一是家族外的老輩。小輩對前者的拜賀，是盡孝道；而對後者的拜賀，是表敬意，俗謂之敬老。一家之內，男女大小，血緣最近，獻歲啓新，喜氣洋溢，小輩對長輩，必行禮以拜。這種表現，純出於倫理的天性。

親友間的拜賀，亦是禮俗之一。這裏提的親友，是限於不平常的至親好友。因爲這一類親友，平日疏於來往，故逢春節，藉通情愫，或詣門以道賀，或投片以致意，禮尚往來，未可厚非。在機關團體，上下同事，照例團拜，循規蹈矩，合情合理。至於個人相互間，交遊泛泛，親又疏遠，所有拜賀投刺，一概從免。這不失為節制舊習、轉移風氣之一道。清儒、章實齋有言：「風氣之敗也，必有所以去；風氣之開也，必有所以取。」其意，是勸勉世人治學處世，不要徇風氣，而要闢風氣。名賢之言，實獲我心。

2. 關於雜俗者

一般習俗中，不含有禮的成份的，則為普通習俗。因為這習俗雜有多種質素，故稱之為雜俗。

中國春節雜俗，名目繁多，大都帶有迷信意味。試一探索春節中究有那些雜俗？分析言之，主要的，有所謂：㈠畫鷄於戶，㈡貼春聯，㈢畫桃符，㈣揷桃銷癘癘，㈤掛鍾馗，㈥逐儺，㈦放爆竹，㈧殺羊磔鷄、懸頭於門，㈨點天燈，㈩喫年茶等等。姑擇要分述，以概其全。

⑴畫鷄於戶

東方朔占書：「歲正月一日，占鷄。」正月一日，就是鷄月。鷄有五德，早有德禽之稱。春秋時代，田饒對魯哀公說：「昔人謂其頭戴冠者，文也；足搏距者，武也；敵在前敢鬬者，勇也；見食相呼者，仁也；守夜不失時者，信也。」（見韓詩外傳、藝文類聚。）唐徐寅詠鷄詩云：「守信催朝日，能鳴送曉音，峨冠裝瑞璧，利爪削黃金。」鷄之令人可貴如此。

晉董勛問禮曰：「正月一日爲鷄，二日狗，三日羊，四日豬，五日牛，六日馬，七日人，八日穀。正旦，畫鷄於門，七日貼人於帳，爲此也。」明謝在杭謂：「此雖出東方朔書，然亦俗說，晉以前不甚言也。」（五雜俎）晉王嘉拾遺記云：「堯在位七十年，祇支國獻重鳴鳥，狀如鷄，或一歲數來，或數歲一來，國人莫不掃灑門戶，以望其來。其未來之時，國人或刻木，或鑄金，爲其狀，置戶牖間，則魑魅醜類，自然退伏。今日每歲元旦，刻畫爲鷄於戶上，蓋重明之遺像也。」易通卦驗云：「正月旦五更，人整衣冠，於家庭中爆竹，帖畫鷄子，或鏤五色土於戶上，厭不祥也。」（此書，亦載節候，今已亡佚，其言僅見於類書所引。）「新正畫鷄，以厭不祥。」這是顯然源於古人的迷信心理。

「朱冠金距」的雄鷄，羽毛華采，鳴管發達，態勢昂然，既富於朝氣，又具有威容。昔人有言：「雄鷄一鳴，天下皆震。」這話，必有所感而發。以雄鷄象徵人豪，則新年畫鷄服鬼，卽寓有「揚善止惡，示威鎭邪」之意。

春秋時代，田饒問魯哀公：「鷄雖有五德，君猶日瀹而食之者，何也？」一種生物如同人類而有德性的，卽有所禁忌，不應予以殺害。鷄既有五德，則當善爲飼養，而戒殺生。田饒問魯哀公，何以殺鷄而食？魯哀公答：「以其所從來近。」就此試作解釋，鷄爲家禽，易於繁殖，取之甚近，用之甚便。因遂所欲，以飽口福，乃隨取隨用，殺之不以爲意。殺生之念，原基於此，那就超出愛物的倫常觀念了。自後演變，每逢節日，殺雄鷄以祀神祀祖，以雄鷄爲信仰上儀禮的祭品。新正畫鷄之俗，民間雖有保留着，但不多見。

俞正爕癸巳存稿云：「鷄取一日爲鷄，又得吉音，非堯時遺像。渾天家言，天地形如鷄卵，故宜先有鷄，爲歲之首日。」這是另一看法，自出於後人的想像。姑記於此，以供民俗的研究。

(2) 畫桃符、貼春聯

古時，新年，以二桃木板懸於門戶，畫或書神荼、鬱壘二神名於板上，藉以壓邪，謂之桃符。桃符壓邪，這亦是源於古人迷信的心理。這類傳說，漢代最盛。蔡邕獨斷云：「海中有度溯之山，上有桃木，蟠屈三千里，卑枝東北有鬼門，萬鬼所出入也。神荼與鬱壘，二神居其門，主閱領諸鬼。其惡害之鬼，執以葦索，食虎，故十二月歲竟，畫荼壘，並懸葦索於戶，以禦凶也。」王充論衡亂龍篇云：「上古之人，有神荼鬱壘者，昆弟二人，性能執鬼，居東海度溯山上，立桃樹下，簡閱百鬼，鬼無道理，妄爲人禍。荼與鬱壘，縛以盧索，執以食虎。」後漢書禮儀志，應劭風俗通義，宗懍荆楚歲時記等，皆有類似的記載。所說的各有所自，其源則無二致。於此可知這一迷信在漢魏晉流行之盛。唐宋以後，畫鷄桃符之俗，漸漸的轉變了。唐張子容除日詩云：「臘月今知晦，流年此夕除，拾樵供歲火，帖牖作春書。」從此可見唐代已有貼春聯之習。所謂春書，就是後來所稱的春聯。再五代後蜀未亡前一年，歲除日，孟昶令學士辛寅遜題桃符板於寢門，以其詞非工，昶命筆自題云：「新年納餘慶，嘉節號長春。」（見宋詩紀事）觀此，宋代又接着用春聯了。宋范成大新正書懷詩云：「不用桃符貼畫鷄，身心安處是天倪。」又宋晦叔元日書懷詩云：「兩板（指桃符）不須書鬱壘，一杯亦強飲屠蘇。」這是當時習俗轉移之一反證。到了明代，帝都金陵，除夕傳旨，公卿士庶家，門上須加春聯一幅。明太祖曾賜陶安門帖曰：「國朝謀略無雙士，翰苑文章第一家。」（見陳雲瞻簪雲樓雜話及列朝詩集）由是，明清以後，新正貼春聯，已成爲定型的民俗。歲除日，以紅紙寫聯語貼門戶，以慶新年者，謂之春聯，這是給春聯一個定名。在民國初年，就我所看到的，無論城市鄉間，家家戶戶，門上貼的聯語，所題的是：「大地春回，萬象皆新。」「一元肇始，五族共和。」「令節從頭數，韶華滿眼來。」「五族共和與大陸，三陽啓運兆先春。」「正朔參三代，時雍協萬邦。」等等，不一而足。而門上所畫的神荼鬱壘二神，或所寫的神荼鬱壘四字，尚有所見。迷信入人之深如此。不過，教育漸臻發達，民智日益提高，這類迷信自然會消除的。現今，在臺灣所見的情形，大不相同。教育相當普及，民智亦較提高。政府的鼓勵，民間樂於接受。每逢歲除，我家貼：「開春一歲始，復國萬事先。」他家貼的：「讀書破萬卷，明德垂千秋。」這戶貼的：「春風榮草木，正氣耀山河。」那戶貼的：「新時光莫虛度，好兒女當自強。」這類春聯，觸目皆是。至於荼壘畫像，僅於鄉間偶一見之，如以年畫視之，以留遺風餘俗，則未嘗不可。所以，我說，春聯的功用，可以益智，亦可以勵俗。

(3)逐儺、放爆竹

古代歲除有所謂「大儺」，其俗，周代已有之。論語鄉黨篇云：「鄉人儺，孔子廟服而立於阼階。孔注：儺，驅逐疫鬼。」呂氏春秋冬季紀注云：「前歲一日，擊鼓驅疫癘之鬼，謂之逐除，亦曰儺。」唐李綽秦中歲時記云：「歲除日，逐儺，作鬼神之狀，內二老人爲儺翁、儺母。」宋蕭常續後漢書云：「先臘一日，大儺，謂之逐疫。其儀，選中黃門（奄人，居禁中）子弟十二以下百二十六爲振子（振通侲，振子，卽僮子，亦卽童男童女。），皆赤幘皂裳，執大鼗（儀禮大射儀注：鼗，如鼓而小，有柄，賓至，搖之以奏樂。）方相氏服如周制（方相氏：周禮，夏官之屬。其人蒙熊皮，黃金四目，玄衣朱裳，執戈揚盾，帥百隸以索室毆疫。）及十二獸裳衣毛角，中黃門外人員，以逐惡神於禁中。」從古文獻中舉其所載，以使瞭解逐儺迷信之俗，周代已有之，歷漢、魏、晉、唐、宋以來，流行而不衰。清張心泰粤遊小志，指新年舞獅之俗有古儺的遺意。一般人看來，以爲新年舞獅，分明是賀年，民間遊戲之樂，不帶有迷信色彩。但從民俗學方面作進一步的探討，今日所見的舞獅子的玩耍，是由舊習俗的逐疲毆邪演變而來。因爲所舞的獅子，頭有獨角，很像獨角獸，這兩獸，都是祥瑞的神獸，也是辟邪的猛獸。還有一個佐證，凡舞獅必放大量的爆竹，爆竹原是辟邪驅疫之物。舞獅大放爆竹，是助獅子的威，合力夾攻疫癘。（參考黃華節：中國古今民間百戲。）這一民俗，固然雜有迷信意味，但在迷信意味中，卻寓有娛情的趣味，這在大衆取樂上是很有意義的。

至說放爆竹，原意是爲人驅鬼，自屬一種迷信。漢東方朔神異經云：「西方深山中，有人長尺餘，犯人則病寒熱，名曰山𤢖，人以竹著火中，畢朴有聲，而山𤢖驚悼。」這是爆竹製造的濫觴。荊楚歲時記云：「正月一日，是三元之日也。鷄鳴而起，先於庭前爆竹，以辟山𤢖惡鬼。」這是指出一月元旦，放爆竹以辟邪。今俗，元旦除夕皆用之。古時，爆竹以眞竹著火爆之。後世工藝進步，始以紙捲緊，中裝火藥，又以藥線導之，爆火發聲，叫做爆仗。宋周密武林舊事云：「歲除，爆仗，有爲果子人物等，內藏藥線，一爇連百餘不絕。」宋范成大爆竹行詩云：「歲朝爆竹傳自昔，吳儂正用前一日。食殘豆粥掃罷塵，截筒五尺煨以薪。節間汗流火力透，健僕取將仍疾走。兒童卻立避其鋒，當堦擊地雷霆吼。一聲兩聲百鬼驚，三聲四聲鬼巢傾。十聲連百神道寧，八方上下皆和平。卻拾焦頭疊狀底，猶有餘威可驅厲。」並引云：「爆竹行，此他郡所同，而吳中（蘇州一帶）特盛，惡鬼蓋畏此聲。」這俗在南宋始盛行。昔人的迷信心理，其所以放爆竹，乃在取其「劈拍」聲響以壓邪。流行到今，民間對之不復有壓邪之念，劈拍劈拍，何等響亮，大人用之以奉神，湊熱鬧，小孩歡天喜地，玩之以開心了。

3. 關於節物者

節物，是指節俗中飲食的物品，如屠蘇酒、柏葉酒、竹葉靑（今之紹興酒）、膠牙餳、桃仁湯、膏粥、年羹、紅白年糕、五辛盤等等。凡此物品，除年糕、年羹外，都帶有迷信意味。

⑴屠蘇酒　屠蘇，草名，昔人用以釀酒，每除夕，置井中浸之。元旦，取水和酒，合家飲之，不病瘟，其功用足以屠穢氣，蘇人魂，故稱之爲屠蘇酒。在古時，這是元旦節物之一。荆楚歲時記云：「正月一日，長幼以次拜賀，進屠蘇酒。」王安石詩云：「爆竹聲中一歲除，春風送暖入屠蘇。」蘇東坡詩云：「但把窮愁博長健，不辭最後醉屠蘇。」歷六朝、唐、宋、元、明各代，民間多飲屠蘇酒。但有飲藍尾酒者，如白居易詩：「三杯藍尾酒，一楪膠牙餳。」此其一。亦有飲柏葉酒者，如梁庾肩吾詩：「聊開柏葉酒，試奠五辛盤。」此其二。唐張子容詩：「樽開柏葉酒，燈發九枝花。」此其三。宋戴復古詩：「橫笛梅花老，傳杯柏葉香。」此其四。元袁凱詩：「一杯柏葉酒，未敵淚千行。」此其五。明李時珍本草綱目：「柏葉，可服食，元旦，以之浸酒辟邪。」柏葉酒，跟屠蘇酒一樣，含有迷信或藥性的意味。

⑵膠牙餳　類似今日閒食的麥牙糖，亦稱烏糖餅，以其性甜黏，故名。荆楚歲時記云：「元日，食膠牙餳，取膠固之義。」考楚辭招魂：「粔籹蜜餌，有餦餭些。」注：餦餭，餳也。方言曰：「餳謂之餦餭。」綜而言之，餳，是古之餦餭，今之飴，亦

稱之爲糖漿。係用麥牙或穀牙熬煎爲液，再和之以饊而成者。膠牙餳，性甜而很黏，乾了而又脆。宋范成大詩謂：「就中脆餳專節物，四座齒頰鏘冰霜。」味其言，眞是津津有味！聞此物能和中潤腸，有滋養，爲一好食品。今各地元旦，家家以糖果待賓客者，猶其遺俗。

(3)五辛盤　周處風土記云：「元日，造五辛盤。」注：五辛所以發五藏之氣，卽本莊子所謂「春月飲酒茹葱以通五藏」之義。李時珍本草綱目云：「元旦立春，以葱、蒜、韭、蓼、蒿、芥辛嫩之菜，雜和食之，取迎新之意，謂之五辛盤。杜甫詩所謂「春日春盤細生菜是矣。」五辛，含有藥性，主散發，辟瘟氣（參見辭海）。

古代，新正，畫鷄、逐儺、懸葦、揷桃、服桃仁湯、食膠牙餳、上五辛盤、飲屠蘇柏葉之俗，於今早絕。信乎明謝在杭之言：「元旦，古人有畫鷄、懸茭、酌椒柏、服桃湯、食膠餳、折松枝之儀，今俱不傳矣。惟有換桃符及神荼鬱壘爾。」（五雜組）

4.關於樂趣者

元宵節，最富有情趣和樂趣，故有必要，來談一談元宵節。

舊習，一日，元旦，是開年；四日，新年最後一日，放爆竹，拜祖先，便辭歲了。但民俗有其特徵，是人生有了情趣，還需要有樂趣。因爲一月朔日距望日很近，故辭歲之後，拉長十天，接着而有元宵佳節。元宵節，一名上元節，亦稱燈節，人月齊團圓，歡騰不夜天，是人間至高的情趣，是世間無上的樂趣。

燈節，自十四日爲始，是試燈；十五日，是正燈；十六夜，是收燈，燈節三日，至此結束。這是中國農業社會代代相沿而具有特徵之一民俗。現這經濟社會組織，漸漸的由農業社會轉進工業社會，這一民俗，勢必起了變化，三天的燈節，就變成一日的正燈了。這是表示一個進步的國家，爲求農工商業的發達而配合經濟的發展，以使國家走上繁榮之路。因此，社會背景有更動，觀念有所改變，則羣衆休閑的生活方式，自然也變了。

試述元宵節之今昔

藝文類聚：「史記曰：漢家以正月望日祀太乙，從昏祀到明。今夜遊觀燈，是其遺迹。」唐玄宗時，元宵節，敕許金吾弛宵禁，開放燈會，以供民衆觀賞。唐蘇味道詩云：「火樹銀花合，星橋鐵鎖開。暗塵隨馬去，明月逐人來。遊騎皆穠李，行歌盡落梅。金吾不惜夜，玉漏莫相催。」白居易詩云：「歲熟人心樂，朝遊復夜遊。春風來海上，明月在江頭。燈火家家市，笙歌處處樓。無妨思帝里，不會厭杭州。」宋孟元老的「東京夢華錄」，吳自牧的「夢粱錄」等，對於宋代上元節的習俗記述甚詳。準此看來，可知上元觀燈之樂，創始於漢朝，而盛行於唐、宋以後各代。自古以來，燈燭之盛，全國各地，莫不皆然。男男女女，逢春行樂，藉以調節一年的辛勤。

我國製燈工藝，昔時極爲發達，每屆元宵，各色花燈，上自綵繡，下至紙畫，異巧百出，無所不有。如像生人物，則有西施採蓮，張生跳牆，劉海戲蟾，嫦娥奔月之屬；花果，則有荷花、牡丹、蓮藕、葡萄、桃、李、柿、桔之屬；獸禽，則有龍、馬、牛、羊、鶴、鳳、雉、兎之屬；水族，則有魚、蝦、蚌、蟹、蛙、龜之屬。凡此，形形色色，妙態傳眞。還有更精奇的，則有走馬、龍舟、鰲山、畫舫、亭臺、樓閣等，五花八門，各式畢具。家家燈火，照耀如同白晝；處處管絃，淸音悅耳可聽。龍燈舞時，導之以鑼鼓，引之以笙歌，從之以滾龍、舞獅、划船諸雜技，燈所過處，爆竹劈拍，震天動地，觀者如堵。迎燈之中，間以百戲，奇技之士，各獻其藝。如走索、藏劍、吞刀、吐火、高蹺、臺閣、虛空掛香爐等，種種表演，目不暇接。此外，尙有其他遊戲韻事，如射文虎、打燈謎，自宋以來，始盛行。王安石有字謎很多，可說是開燈謎的先河。這種韻事，固屬近於遊戲，但亦頗能激起興趣，深具有啓發性的教育意義。以燈布之河流，紅綠繽紛，爛若繁星，謂之河燈，又曰水燈，俗叫放水燈，亦始於宋代。現燈節，既放水燈，又放煙火，月色燈光，散芒四射，多彩多姿，相映成趣，極天然工巧之美觀，游賞之樂，無逾於此。

元宵節，家家戶戶，撚米粉，做圓子，遂呼圓子為元宵。先敬神祀祖，然後闔家團聚，吃圓子，以示團圓之意。宋周必大平園續稿載：「元宵，煮食浮圓子，前輩似未曾賦此，坐間成四韻。」昔時，以為年頭佳兆，吃湯圓以象徵家福。元夕食圓子之習俗，始自宋代，傳到今日而未絕。

近年，在臺灣，每逢一月望日，舉行燈會，以慶上元佳節。這種燈會，為歲首的行樂，正適合民衆心理的要求，而蔚成民間的生活藝術。是夕迎燈，百戲雜陳，滾龍舞獅，熱鬧非常。觀燈之隆，無殊今昔。惟有一點，與昔不同：各界人士，踴躍參加遊行，國旗國樂揚之於前，「生聚教訓」接之於後，浩浩蕩蕩，振奮復國的精神。民俗增輝，極有意義。

二、清明禮俗

（一）清明禮俗之由來

暮春三月，節日重重，除青年節（屬祭祀禮俗）外，有修禊、寒食、清明諸節。所謂修禊祓除、寒食禁火之俗，周、漢已有之，唐、宋最盛行，如今則少見了。不過，後來有以清明前二日爲寒食，末日爲清明者，今則清明寒食併爲一日，止稱清明而不說寒食。總之，修禊、寒食兩節日，無關禮俗，故略而不述。

清明時值春和，芳草遍地，烏鴉雜咏，杏花細雨，楊柳多情。凡此情景，最動思親，此清明之所以見重於人倫。這一情趣，由是相演相嬗，成爲一種節俗，此乃清明節令之所由來。清明節，有兩意義：一是祭墓，二是踏青。祭墓，亦稱拜掃，就是掃墓拜祖，一家之人，爲思親而盡孝。踏青，亦稱郊遊，就是春遊行樂，一家之人，爲樂羣而輔仁。由個人言，爲陶情而怡性。清明節俗，含有禮的成份，故稱禮俗。

清明之稱，始於漢代。漢劉安淮南子天文訓云：「春分後十五日，斗指乙，爲清明。」釋名云：「春之爲言蠢也，物蠢而生。」季春之初，正當氣清象明，萬物滋育，妙合自然。這依二十四節氣而定名。迄唐以後，相沿成爲節令。現政府明定四月五日爲中華民族掃墓節。清明節，原爲農曆節俗，是我民族悠久的禮俗文化。以祖先廬墓爲追遠敬祖的對象，家家祭掃祖墓，崇德報本，克盡孝思。宋蘇頌詩云：「清明天氣和，江南春色濃，風物正繁富，邦人競遊從。」明衞泳枕中秘云：「是日也，園林織錦，堤草鋪茵，葉綠沙喧，宇宙清淑，東郊緩步，瀟蕩神怡。」這是描繪當年清明踏青的風情，亦可爲今日的寫照。掃墓、踏青，可說是士女遊春和祖先崇拜的合一表現。

(二) 清明之掃墓與踏青

中華民族有其文化特質，這特質，就是人倫的道德標準。百善孝爲首，所以孝道，最合乎道德標準，是中國傳統倫常的核心。祭墓，是人人當子女的應盡孝道之一表現。溯其源流，發端甚古。漢趙曄吳越春秋云：「越王欲謀伐吳，范蠡進善射者陳音。王問曰：孤聞子善射，道何所生？對曰：臣聞弩生於弓，弓生於彈，彈起於古之孝子，不忍見父母爲禽獸所食，故作彈以守之。」唐段成式酉陽雜俎云：「弔字，矢貫弓也。古者，葬棄中野，禮貫弓而弔，以除鳥獸之害。」就此可以考見古代禮俗所由以生的端倪。遠古時代，穴居野處，死無衣衾棺槨以葬，難免禽獸的侵害，避害所用的弓矢，原爲在野外守葬盡孝的需要而作。「弔」字，古文作「㣇」，象人形張弓，當爲祭弔時打擊禽之用。這是孝子用弓護葬之一例證。自三年之喪，孝子廬墓，以至展墓祭祖，乃發之於追遠拜祖的倫理意識，而爲清明拜掃演進的結果。

祭墓冢人，凡祭墓爲尸。可見墓祭之禮，周初已行之。不過貴人祭廟時多，祭墓時少。若庶人無廟可祭，則須祭墓。墓者，先人體魄所寄託，展墓拜祭，情至親切，更可表達孝子追遠的心情。曾子曰：「椎牛而祭，不如鷄豚逮親存也。」此則，春秋時代，亦有行之者。孟子謂「東郭墦間之祭」（離婁章），則戰國時代亦有行之者。張良子孫上先塚並祠黃石，則漢初亦有行之者。以寒食清明爲定期而祭墓拜祖，則始於隋唐之間。唐宋以後，相沿成俗，流傳至今，定稱爲清明節，繼而改爲中華民族掃墓節，但民間對於節名，兩者尚並稱通用。而寒食之名，已成爲歷史上的名詞。茲舉唐宋名家詩詞數首，以見昔時清明掃墓郊遊之梗概。

1. 唐楊巨源詩云：「清明千萬家，處處是年華，榆柳芳辰火，梧桐今日花。祭祠結雲綺，遊陌擁香車。惆悵田郎去，原回煙樹斜。」

2. 唐杜牧詩云：「清明時節雨紛紛，路上行人欲斷魂。借問酒家何處有？牧童遙指杏花村。」

3. 宋高菊卿詩云：「南北山頭多墓田，清明祭掃各紛然。紙灰飛作白蝴蝶，淚血染成紅杜鵑。日落狐狸眠塚上，夜歸兒女笑燈前。人生有酒須當醉，一滴何曾到九泉。」

4.宋程明道詩云：「芳原綠野恣行事，春入遙山碧四圍。興逐亂紅穿柳巷，困臨流水坐苔磯。莫辭盞酒十分勸，祗恐風花一片飛。況是清明好天氣，不妨游衍莫忘歸。」

古人一唱一詠，令人發節序思古之幽情。再舉柳宗元寄京兆許孟容書，有云：「近世禮重拜掃，今已闕者四年矣；每過寒食，則北向長號，以首頓地，想田野道路，士女遍滿，皁隸庸丐，皆得上父母丘墓，馬醫夏畦之鬼，無不受子孫追養者。」讀此，可覘往昔孝子思親的眞情。唐李匡義謂當時寒食拜掃，多白衫麻鞋。（見資暇集）宋蔣夢炎詩云：「麻裙素髻誰家女，哭向墦間送紙錢。」人家整裝上冢，哭盡哀，墓祭之禮，猶有古意。其重清明禮俗，有如此者！惟末俗相沿，流弊滋甚，或假上坟之便，召客宴會，酣歌醉舞，與踏青賞遊，同其歡暢，此爲後世所詬病（參見開元天寶遺事、東京夢華錄等）。

故宮博物院時常展出的明清以來所仿製的宋張擇端繪的清明上河圖，此圖寫河南開封風物，而寓清明時節繁盛之景。清明景象，繪形繪色，躍躍紙上，古趣盎然。看了這幅繪圖，亦可從藝術方面，知所鑒賞。

往者成陳跡，知往看來今，試述今日臺灣的民族掃墓節。今昔之比，大同小異，時代推移，意義更深。

陽曆四月五日，中華民族掃墓節，是日，有時清風拂拂，有時細雨紛紛，山頭山尾，高下聳翠，芳草滿地，垂柳舒青；蛺蝶翻飛，烏鳥亂鳴；杜鵑開，桃花放，花紅花白又一片。如許大自然中，點綴得團團錦簇，在這佳節良辰，最宜掃墓郊遊，一以追思盡孝，一以樂羣陶情。臺俗：戶戶插柳於門，謂能驅疫。家家男女，備牲饌、紅龜粿、黃金紙、爆竹，拜掃祖塋。一隊隊，一羣羣，扶老携幼，絡繹不絕於途，構成一幅無與倫比的民族大孝圖，氣象勃勃，何等動人！到了墓地，除草斬荆。先獻墓紙，將黃金紙覆蓋墓上，壓以土石，謂之掛紙，即古人掛錢墳頭的遺意。獻畢，行祭拜禮。拜墓後，三五成羣，作踏青的遊玩，靑靑草色，步步而游。此足以暢發精神，增益心志，旣創人生的新境，亦是天倫的樂事。

古淸明戴柳、野宴之俗，以及打球、鬬鷄、鞦韆之戲，今已少見，或已告絕。

三、端午禮俗

(一) 端午之名始

舊以農曆五月五日爲端午。按夏正建寅，五月爲午月，故五日亦稱午日。晉周處風土記云：「仲夏端午，端，始也，謂五月初五也。」是端午之名，始於晉代。梁宗懍荆楚歲時記云：「五月五日爲端陽，一云蒲節，一云重五。」以午月午日相重，故稱重午，此一取義。亦因五月五日相重，故稱重五，此又一取義。端陽，取陽氣始盛之義。蒲節，取「菖蒲作劍懸門辟邪」之意。蒲節，亦謂蒲月。荆楚歲時記云：「京師以五月一日爲端一，二日爲端二，三日爲端三，四日爲端四，五日爲端五。」是端午又稱端五。張表臣珊瑚詩話云：「端五之號，同於重九，世以五爲午，誤。」我以爲五月爲午月，五日爲午日，則午、五可以通用。昔亦有稱端午爲天中節者，名稱龐雜，不必深考。總而言之，端午一名，用之最早，而又普遍，仍循舊稱爲是。

（二）端午禮俗之確定

端午何由而定爲節令？端午節何由而成爲禮俗？都有牠的歷史文化背景。開宗明義的說，端午節，是古愛國詩人屈原的紀念節。此節令之所由而立，主要的在乎此。唐文秀詩云：「節分端午有誰言？萬古傳聞爲屈原。堪笑楚江空渺渺，不能洗得直臣冤。」屈大夫風節之不彰，文秀已慨乎言之。屈原是最富於情感及忠於國家之人。班固謂：「屈原痛君不用，信任羣小，國將危亡，忠誠之情，懷不能已，故作離騷，上陳堯舜禹湯文武之法，下言羿澆桀紂之說，以諷懷王。」他不滿意於當代的政治及楚王的昏庸，雖知舉世皆濁而我獨清，衆人皆醉而我獨醒，但因他天生富有倫理思想，絕不能掉首不顧而獨善其身，及至最後屢被讒言，橫遭放逐，遂爲國盡忠，自投汨羅江而死，這是何等的壯烈！英國詩人雪萊留有名句：「把自己姓名寫在水上。」江上留名，史上流芳，屈大夫有之了。以端午節紀念屈原，則此節有禮的成份而成爲禮俗，這禮俗實具有倫理的價值和歷史文化的意義。民國二十八年，文藝作家以屈原詩風人格兩俱不朽，後殉國於五月五日，因公議爲詩人節，以紀念古愛國詩人。

有二事與端節禮俗有關：一爲角黍，二爲競渡。

1. 角黍　周處風土記云：「仲夏，端午，烹鶩角黍。」吳均續齊諧記稱：「屈原五月五日，投汨羅江，楚人哀之，每至此日，以竹筒貯米，投水祭之。」角黍，一名筒糉，卽今之粽子。古時，祭屈原者，因恐祭品入水散失，初用竹筒盛米，密封而投下水，後用大竹葉包紮，四方相傳，皆以爲節物，含有紀念之意。

2.競渡　荆楚歲時記云：「屈原以是日死於汨羅，人傷其死，所以並將舟楫以拯救之。今之競渡是其遺跡。」舊唐書杜亞傳云：「五日競渡，相傳弔三閭大夫而作。」唐儲光羲詩云：「大夫沉楚水，千祀國人哀。習櫂江流長，迎神雨霧開。標隨綠雲動，船逆清波來。」後世相沿，爲划龍船之戲，這就是古時「競渡拯屈原」的遺俗。

（三）端午節之雜俗

端午節日，民俗中有許多生活習慣，含有迷信色彩和保健意味的，我名之曰雜俗，以別於禮俗。古人歲時雜俗，流傳到今的，以端午爲最多。除競渡、作粽外，有浴蘭湯、懸艾插蒲、插鍾馗圖、貼天師符、除五毒、製香囊、繫老虎頭、飲雄黃酒、結長壽線、采百草、編獨囊網蒜、臂結五色線等，花樣繁多，不勝枚舉。玆依上擇要的說一說。

1.沐浴　大戴禮云：「五月五日，蓄蘭爲沐浴。」楚辭云：「浴蘭湯兮沐芳華。」今以澤蘭、菖蒲、或取百草煎湯沐浴。

2.蒲艾插戶　荆楚歲時記云：「以五月五日，採艾爲人，懸門戶上，以禳毒氣。

」今則以菖蒲作劍，以艾枝作槍懸挿門首，飛舞婆娑，可以辟邪。

3. 用艾針灸　古人旣挿艾枝，懸門以辟邪，又用艾葉以禳毒。艾性純陽，能溫氣血。醫家用老艾葉製成艾絨以灸疾。宋范成大灼艾詩云：「血忌詳涓日，尻神謹避方，艾求眞伏道，穴按古明堂。」我國很早就有針灸一科，按人體脈穴，或用針刺，或用艾灸以治病。歷代相傳，其效甚驗。在繪畫方面，有唐明皇針灸圖，宋李唐灸艾圖等，古針灸之法，從此可窺見一二。針灸治療的功能，主要的是對造血器官的影響，有增強機能，抵抗病毒的功效。用針灸，可以消炎，亦可以止痛。端午時節，陽氣漸盛，各種含有毒質的氣體物體，最易侵入人身。故在此節日，民間普遍施用艾葉，實具有保健上的作用。

4. 掛鍾馗圖　昔時，各地人家，於春節懸掛鍾馗畫圖，以祛邪魅。玉燭寶典云：「正月元旦，迎祀灶神，釘桃符，掛鍾馗，以辟一年之祟。」此爲古時春節懸鍾馗圖像之一證。鍾馗啖鬼之說，始於唐。清李福鍾馗詩云：「面目猙獰膽氣粗，榴紅蒲碧座懸圖，仗君掃蕩幺魔技，免使人間鬼畫符。」鍾馗之像，舊俗懸於新年，後世則懸於端午。

5. 香囊　吳曼雲江鄉節物詞小序云：「杭人，午日，製老虎頭，繫小兒襟帶間，示服猛也。」又云：「婦女製繡袋，絕小，貯雄黃，繫之衣上，可辟邪穢。」今者，各地以綢布剪裁，製成香囊，亦稱香袋，類荷包之形，形式種種，別出心裁。如老虎、雄鷄、八卦、粽子、鷄心等，最爲普遍。所製皆精美細巧，中盛雄黃或香末，繫兒童胸前或襟上。其香歷久不散，亦有懸牀帳及枕上，以袪邪穢。

6. 長命線　周處風土記云：「以五綵絲繫臂，辟兵鬼氣。一名長命縷，一名續命縷，一名辟兵繒，一名五色縷，一名朱索。」吳曼雲江鄉節物詞小序云：「杭俗，結五采索，繫小兒臂上，卽古之長命縷也。」今國內各地，對於端午的繫長命線，其習慣未改，並無大異。如華北人大都用五色絨爲長命線，繫手足及項頸。安徽婦女繫五綵絲於臂，以辟疫。江浙人，小孩繫五色線於臂，叫做「健線」或「續命線」。山東人以綵錢繫兒童臂，叫「長命縷」。河南山西，小孩手足，皆繫五色綵線。福建人長幼以五綵絲繫臂。臺灣人以五彩線繫小孩手足，叫「長命線」。

7. 獨囊網蒜　端午節日，人家以擇蒜頭之不分瓣者，結網繫之以爲飾，謂之獨囊網蒜。普通或縛於門戶，或繫於牀帳，以辟邪惡，以解毒氣。江南各地，均盛行。

8.賞端午　五日午時，家家備饌，飲雄黃酒，食粽子、大蒜、灰蛋，闔家宴賞，以慶佳節。

9.避邪消毒　午餐後，燒蒼朮、白芷、艾蓬、或除蟲菊於室中，以雄黃酒、菖蒲酒、石灰水分灑各處，避邪消毒。

10划龍船　在臺北淡水河和臺南、高雄等近海之處，有龍船競渡，觀者如雲。龍船並列，擊鼓奮楫，踴躍爭先，奪得錦標，才算勝利。這一遊戲，固為紀念屈原，亦是民衆過節的娛樂。

11詩人憑弔　五月五日，亦爲詩人節。在臺詩人，集會賦詩，弔屈原，以宏揚詩教，鼓吹中興。

明謝在杭云：「古人歲時之事，行於今者，獨端午爲多，競渡也，作粽也，繫五色絲也，飲菖蒲也，懸艾也，作艾虎也，佩符也，浴蘭湯也，鬬草也，采藥也，書儀方也，而又以雄黃入酒飲之，並噴屋壁、牀帳，嬰兒塗其耳鼻，云以辟蛇蟲諸毒。蘭湯不可得，則以午時取五色草沸而浴之。」（五雜俎）明代距今，六百餘年。謝在杭生於中葉，而發此言，可見端午民俗自明流傳到現在，也有五百餘年了。

四、雙十節

陽曆十月十日，爲國慶日，亦稱「雙十節」。民國紀元前一年（淸宣統三年），歲次辛亥，是日，革命軍在武昌起義，世稱「辛亥革命」。武昌光復，十餘省相繼反正。於公元一九一二年一月一日，　國父孫中山先生被選爲臨時大總統，由是共和告成，創建中華民國，以是年爲中華民國元年。自後，每年十月十日，舉行國慶大會。國慶云者，原是中華民族革命勝利的紀念。這勝利的果，是經先烈拋多少頭顱熱血而結成，具有無上的歷史人類的價值。是日，放假，普天同慶。晚上，提燈遊行，取光明昌隆之義，「旦復旦兮，日月光華。」一義本乎此。其遊行慶賞的熱烈，一如新春的元宵節。

五、結　語

我國人本於精靈信仰的宗教心理和愼終追遠的倫理觀念，而產生祖先崇拜的行爲。拜祖之外，又有「徼福於神」的迷信心理，而產生拜天敬神的行爲。此外，在人生趣味上有其娛樂心理，往往想於紅塵之外，以風月爲友，以山水爲侶，而產生娛情的活動。

一年的歲時節俗，除所述三禮俗外，尚有其他節俗，如，拜天公、上巳修禊、七夕、中元、中秋、重陽等。這些節俗，禮的成份不多，只在結語中說個大概。

1. 拜天公　臺俗：農曆一月九日，爲最高神天公的誕辰。家家製紅龜粿、發粿以祀之。紅龜粿，象龜形，外染紅色，打龜甲印，以象徵人的高壽。拜天公的前夕，大家必須「守壽」到天明，爆竹聲徹夜不絕。拜天公，即所以求平安，祝人壽。天有好生之德，春天能給萬物以發育生長的機會。凡此天道自然的啓示，引起人類對於人生和宇宙關係的認識，而發生自然崇拜的心理活動。人們本其心理活動的幻想作用，托出天空上帝爲崇拜的象徵，奉之爲天神，爲獨尊的最高神。

2. 上巳修禊　暮春三月三日，臨水祓除不祥，謂之修禊。讀王羲之蘭亭序，蘭亭曲水，一觴一詠，令人輒起懷古之思。唐陳子昂詩云：「暮春嘉月，上巳芳辰，羣公禊飲，于洛之濱。奕奕車騎，粲粲都人。」宋范成大詩云：「三日天氣新，禊飲傳自古。今人不好事，佳節棄如土。」修禊之俗，晉、唐最盛，宋後漸衰。今則三五士子墨客，以文會友，曲水聚飲，一抒幽情。此風寥落，幾將失傳。

3.七夕　古以七月七日之夜爲七夕。相傳，是夕，牛郎織女相會，兩者距離，只隔一條河流，烏鵲塡河成橋，渡織女。淮南子、風俗通、風土記、荊楚歲時記，均有相同的記載，於此可知這一傳說的由來。牛郎、織女，皆星名，本源於牛女二宿。牽牛在天河側，與織女相對。唐清江詩云：「七夕景迢迢，相逢只一宵，月爲開帳燭，雲作渡河橋。」我國古人基於自然崇拜的心理，而構成這一天上佳話，相演爲兒女情戀的韻事。

4.中元　農曆七月十五日爲中元節。佛教於是日起盂蘭盆會，以祭無祀孤魂。宋陸游老學庵筆記云：「故都殘暑，不過七月中旬，俗以望日具素饌享先。」這是古嘗祭的遺俗。今則無論貧家富戶，發人子孝思不匱之念，以紙鏹祭品奉祀，通行南北各地。

5.中秋　農曆八月十五日爲中秋，以其居秋季三月之中故名。中秋，是團圓佳節，又稱月夕。唐歐陽詹玩月詩序云：「玩月，古也。謝賦鮑詩，朓之亭前，亮之樓中，皆玩月也。」天寶遺事云：「八月十五夜，於禁中直宿諸學士，備文酒之宴，時長天無雲，月色如晝。」據此，可知晉唐時代已有中秋玩月的風尚。自此以後，流風所播，雅人雅事，遂推及於一般社羣，而玩賞中秋，便成爲一個充滿詩意的令節。在這一天晚上，皓月當空，美景良宵，家家備酒饌、花果及月餅，燃香遙拜，謂之拜月。宋朱敦儒對月有感云：「中秋一輪月，只和舊青冥。都緣人意，須道今夕別般明。是處登臨開宴，爭看吳歌楚舞，沈醉倒金尊。各自心中事，悲樂幾般情！」今俗拜月，正如朱敦儒所云：「偏賞中秋月，從古到如今。」月餅，取團圓之義，以象徵團圓的皓月，即所以反映嚮慕人生圓滿無缺的意境。所謂賞月吃月餅，亦就是鼓勵自己，在人生歷程上要努力追求前途的光明，宏發生命的光輝。

6. 重九　舊以農曆九月九日爲重陽，又曰重九，遂以爲節。魏文帝與鍾繇書云：「歲往月來，忽復九月九日，九爲陽數，而日月並應，俗嘉其名，以爲宜於長久，故以享宴高會。」可知重陽之名，肇於三國。陶潛文云：「余閒居，愛重九之名。秋菊盈園，而持醪靡由。」是知重九之名，始於東晉。現通稱九月九日爲重九節。此節日，古有食蓬餌（糕）、飲菊花酒、揷茱萸、佩茱萸囊、登高、揷菊、賞菊之俗。漢劉歆西京雜記云：「漢武帝宮人賈佩蘭九月九日佩茱萸，食蓬餌，飲菊花酒，云令人長壽。」西漢已有重九食糕粿飲菊酒的習尙，這是一證。魏武帝與鍾繇書云：「九月九日，草木遍枯，而菊芬然獨秀，今奉一束。」三國已有重九賜菊插菊的習尚，這又是一證。晉周處風土記云：「俗尚，此月，折茱萸以插頭，云可辟除惡氣。」晉代已有重九插茱萸的習尚，這又是一證。梁吳均續齊諧記云：「汝南桓景隨費長房遊學，長房謂之曰：九月九日，汝南當有大災厄，急令家人縫囊，盛茱萸，繫臂上，登山，飲菊花酒，此禍可消。景如言，舉家登山。夕還，見鷄犬牛羊，一時暴死。長房聞之曰：此可代也。今世人九日登高飲酒，婦人帶茱萸囊，蓋始於此。」東漢之後已有登高之俗，以爲登高可以避禍免災，這又是一證。不過，明謝在杭引呂公忌之言曰：「『九日天明時，以片餻搭兒女頭額。』更祝曰：『願兒百事俱高。』此古人九日作餻之意，其登高亦必由此。續齊諧以傳，不足信也。」姑錄此，另備一說，以供研考。今俗，時屆重九，秋高氣爽，最宜登臨，男女相偕登高遊山，足以暢舒心神。芳菊盛開，獨傲秋霜，感物懷人，亦有插菊、賞菊之舉。王摩詰詩云：「獨在異鄉爲異客，每逢佳節倍思親。遙知兄弟登高處，遍插茱萸少一人。」孟浩然詩云：「九日未成旬，重陽卽此辰。登高尋故事，載酒訪幽人。落帽恣歡飲，授衣同試新。茱萸正可佩，折取寄情親。」這兩首節序詠懷之作：一表思親之情，一描重九之景，詞意筆致，朗朗可誦。由今視昔，俗無大異。時移勢遷，百感繫之。

大凡歲時節俗，禮俗有四，習俗有六。分析言之，各俗各有其背景，各有其本質，各有其內容，各有其表現。綜合言之，就是說，各節俗所表而出的，對於社會人生發生各種的影響。本文各節所論述的，已對這些試作了總解答。尚請讀者指教！

第七節　古文物禮俗

一、文物禮俗探原

試想一想，商殷年代，延續六百餘載；周朝年代，延續八百餘載，這兩朝年代有如許長久，究竟有何所恃？我以爲商周兩代之所恃者，厥有二力：一是立國的精神力，二是建國制度上所具有的力。就制度而言，商殷有四方面的支柱：一、政治方面，是在發展中的封建制度；二、經濟方面，是貢納制度；三、倫理方面，是宗法制度；四、文化方面，是文物制度。周朝亦然。政治，則爲完成的封建制度；經濟，則爲井田制度；倫理文化，則爲宗法和文物制度。商、周有這四骨幹賴以支撑，所以建國必成，立國必久。尤其文物制度，在商、周佔着很重要的地位。凡是一種制度，必有其理想和體系。文物因有文化上的理想和體系，乃成爲文物制度。文物制度，是中國古文化體系的特徵。凡此文物，在禮俗中融合而放光彩的，謂之爲文物禮俗。商、周的文物制度，可說是文物禮俗的根源。

二、從中國禮器看文物禮俗

中國文物禮俗中所播出的物象，是古文物中禮器。主要的禮器有二：一是青銅器，二是玉器。首說青銅器，次說玉器，以明這兩器物具有禮器的特質。

(一) 青銅禮器

中國古文物，尤其是青銅器，在物質生活方面，本是日常生活中應用的工具，是一種物質文化。從青銅器物來說，有飲器、食器、烹飪器等。飲器中的「尊」，原是飲酒之器；食器中的「簋」，原是盛黍稷之器；烹飪器中的「鼎」，原是炊器，又是「就鼎而食」的食器。可見銅器的製造，在初民生活習慣上，原供日常實際的應用。通稱一個尋常的人爲俗士，同理，一件尋常實用的器物，當可稱之爲俗器。其後，古人有了「事神致福」「尊天敬祖」的宗教意識和信仰，這種俗器，乃用之於宗教信仰的禮儀上。商、周兩代的鐘、鼎、彝器，如烹飪用的鼎、鬲、甗、敦，飲食用的爵、尊、壺、簋，盥洗用的盤、匜，以及樂器的鐘、鉦，傳世的很多。這些器物，多用於祭祀燕享，因此由俗器變成禮俗中的禮器。考古者以其品物形制，爲他古民族所沒有，且鍊製之精，雕刻之細，圖文之美，在藝術上亦有無上的價值，咸奉為中國文化的瓌寶。就文化類型來說，這青銅文物，具有物質文化、精神文化和技術文化的特質。西周上承商殷的遺緒，已有高度文化的成就；下接到東周，春秋戰國，雖不安定，但在五百年中卻有科學思想的發展，益增文化文物的光輝。

甲、青銅禮器上銘文的探索

青銅禮器，是一種極其受人珍愛的器物，除用於祭祀燕享之外，往往刻上帶有紀念性的文字，以至於刻上永久保藏重要的圖錄文獻。青銅禮器上的文字，歷商、周兩代，由三兩個字逐漸發展到幾百個字。從這些文字或文獻上，可以增廣關於古代文化歷史的知識。這種禮器上的圖、文，稱之為「銘」。我以為銘文可分為二大類：一為以物象鑄之於青銅器者，二為以文字鑄之於青銅器者。

1. 以物象鑄之於青銅禮器者，例如：

(1)左宣三年：「夏鑄鼎象物」。這記載中所稱鼎上所鑄的物象，當為怪異之物。唐張彥遠歷代名畫記說：「鼎鐘刻，則識魑魅而知神姦。」神姦，是指一方統治者所制裁的異類。這一物象銘文，是寓有厭敵制勝的意味。

(2)殷高宗征服西北民族——羌人。因和羌人有深仇，故有「用人之祭」之習。

羌人，是西戎牧羊人，以羊首爲其部族的標識，卽爲羌族的圖騰象徵。殷商青銅器上所鑄的「饕餮」，實爲羌人犧牲之首，就是一種圖騰的象徵。古殷人征服這一強大的西北民族，鑄之於青銅器上，以垂紀念，亦寓有「厭敵制勝以矜豪強」之意。

(3)殷商青銅器中有「父癸爵」（故宮銅器圖錄下叁柒零）。古有始祖誕生的傳說。詩經：「天生玄鳥，降而生商」。成湯履，其父癸。爵，是青銅器中最寶貴的禮器，商代以其祖先誕生的象徵，鑄之於青銅器，以留紀念。這亦可視爲先民開了拜祖教（Ancestor worship）的風氣（參考羅振玉著的殷文存等篇，有不少的例可舉）。

2.以文字鑄之於銅器者，例如：

(1)古代以竹木爲簡策，懼其久而易朽，故遇國家大事，都鑄之於青銅器，以垂久遠，把類此的器物視爲禮器。古代傳說中有所謂金簡玉牒，都是金屬之物。金簡，卽鑄銅爲簡。玉牒，卽石刻、玉刻、碑刻之類。

(2)周禮有「邦國約」「萬民約」的記載。國家契約，很貴重，故以彝鼎鑄之，藉此以傳示後世。周代重器，如散氏盤，是周厲王時散失兩部族有田地之爭，盤中銘文，列有罰則，又有誓詞，分疆正界，鑄之於青銅器。又如毛公鼎：周成王時，毛公瘖爲答謝天子的大恩，作這個鼎，刻上先王的古法古訓，以爲紀念，傳給子子孫孫，永遠寶用。這些器物，含有典章、典範的意味，都列爲重要的禮器。

總上之所述，是用綜合分析方法，舉例以說明：從青銅禮器去觀察文物禮俗。這禮俗所顯示出來的，一是鑄像鎮暴，二是厭敵制勝，三是祖先誕生的象徵，四是敬天尊祖的信仰，五是古法古訓的典範。

（二）玉器

從甲骨文及說文中之「巫」字和「豊」字考證，而知古者行禮以玉：或兩手捧玉以事神，或盛玉以奉神人之器。這是從文字器物方面考釋商殷時代以玉禮神的源流。（詳見羅振玉卜辭考釋及王國維觀堂集林釋禮。）禮記月令謂：「仲春之月，祀用圭璧。」是時祭有時用玉。又殷代喪葬，唅蟬用玉，置於死者口中，以示不朽。中央研究院安陽發掘，在人骨骸口中發見的，有玉蟬、玉魚等，可以爲證（見鄭西諦近百年古城古墓發掘史）。由此可知事神以玉，以至事喪以玉，其由來甚古，其應用盛於商周。

玉，是石之一種，是美麗的石。玉製器物，是由石器演變而來。玉器和靑銅器同爲反映古民族生活思想的重要器物，最初是日常實際應用器物的製作，其後演變而用之於禮制和宗教的禮儀上。玉器在中國很早就成爲禮器，以朝聘所用的六瑞和祭祀天地四方所用的六器爲最重要。

甲、配合禮制的六瑞

周禮春官大宗伯云：「以玉作六瑞，以等邦國。王執鎭圭，公執桓圭，侯執信圭，伯執躬圭，子執穀璧，男執蒲璧。」所謂「瑞」，是古時用玉做器物，作爲封官拜爵之用，這和中國古禮制有關，故玉器成爲主要的禮器。所謂「以邦等國」，是王以下分公、侯、伯、子、男五爵位。王，是天子，是一國之主。王之後，爲公，地位很高。侯，次之。伯，又次之。子和男，更次之。其所執的圭，亦依爵位而有區別。鎭圭，是王之所執。桓圭，是公之所執。信圭，是侯之所執。躬圭，是伯之所執。穀璧，是子之所執。蒲璧，是男之所執。這些器物，在君臣相見的時候，或諸侯間相見的時候，都要拿着作相見的信物。準是以觀，六瑞是配合禮制之一有政治功用的禮器。

乙、迎合信仰的六器

六器，是天子祭祀天地四方之神的禮器。周禮春官大宗伯云：「以玉作六器，以禮天地四方。以蒼璧禮天，以黃琮禮地，以青圭禮東方，以赤璋禮南方，以白琥禮西方，以玄璜禮北方。」用這些蒼璧、黃琮、青圭、赤璋、白琥、玄璜六器來祭祀各方之神，是以玉的各色配合天地四方的，這和中國古宗教信仰有關。是不失「祭天祀地事神致福」的原意。如蒼璧，圓，以象青天，所以祀天。黃琮，方，以象黃地，所以祀地。青圭，銳，象春物初生，所以禮東方。半圭曰璋，象夏物半枯，所以禮南方。白琥，猛，象秋之肅殺，所以禮西方。半璧曰璜，象冬令閉藏，地上無物，惟天半見，所以禮北方。漢以後，宗教的意義已失，而走向裝飾之途了。

羅振玉云：「三代法物，傳於今者，彝器之外，莫重於玉瑞。觀於周官典瑞之所職掌，以祀天地、日月、山川，以薦先王，以卹凶荒，以殮以含飯，以起軍旅，以治兵守，以朝覲宗遇會同於王。諸侯以相見，以結好，以聘女，蓋五禮莫不寓焉，其貴且重固如是。」(有竹齋藏古玉譜序)羅氏對於六瑞六器所涵的意義闡釋無遺，就此可見其禮俗表徵之一般。

玉器的美術價值，是在於玉的天然色澤，在土中受沁，變成古色古音的美，加之以雕刻技術的精妙，則是美上加美了。就文化類型來說，青銅器和玉器，皆具有物質文化、精神文化和科技文化的特質，在古代禮俗中配合文物制度而有特殊的表現。

三、結　語

古文物禮俗，盛於商、周。秦、漢以降，封建已廢，鐵器已興，青銅器製作減少，玉器走向裝飾之途。時代推移，其俗漸衰。諸凡文物禮器，歷代流傳，藏之於博物院；揭其奧秘，以供世人之研究觀賞。

文物禮俗，由今思古，雖成陳跡，但其文化精神，可傳之於久遠。因其有歷史的價值，故有論列的必要。

（民國六十一年三月）

參考書目

孫詒讓：周禮正義（四部備要本）
胡培翬：儀禮正義（仝　前）
朱　彬：禮記訓纂（仝　前）
秦蕙田：五禮通考
朱自清：經典常談
蔡元培：中國倫理學史
蔡元培：民族學論著
梁啓超：國史研究六篇
王治心：中國宗教思想史大綱
田崎仁義：中國古代經濟思想及制度（王學文譯）
李約瑟：中國之科學文明導論（黃文山譯）
曾金聲：中國先秦政治制度史

董作賓：中國古代文化的認識
李　濟：中國文明的開始（萬家保譯）
瞿同祖：中國法律與中國社會
陶希聖：婚姻與家族
繆鳳林：中國通史要略
程樹德：說文稽古篇
謝在杭：五雜俎
俞正燮：癸巳存稿
翟　灝：通俗篇
歐陽詢：藝文類聚
百大名家：魏晉小說大觀
趙　翼：陔餘叢考
黃文山：文化學體系
胡厚宣：商史論叢

歷代名家：筆記小說大觀
中華書局：中國文學發達史
王星拱：科學概論
朱劍心：金石學
吳大澂：古玉圖考
那志良譯：有竹齋藏古玉譜
容　庚：商周彝器通考
É. Durkheim: The Rules of Sociological Method（英譯本）
Ch. V. Langlois et Ch. Seignobos: Introduction aux Études Historiques.
Notes and Queries on Anthropology（London）
L. T. Hobhouse: Morals in Evolution
B. Malinowiski: A Scientific Theory of Culture
R. firth: Human Typès.
W. F. Ogburn: Social Change

John Beattie: Other Cultures
W. H. Rivers: Social Organization
R. M. Maciver: Society
A. R. Radcliffe-Brown: Structure and Function in Primitive Society
V. Gordon Childe: Man Makes Himself
H. Spencer: Principles of Sociology
中央研究院民族學研究所集刊
國立故宮博物院故宮季刊

中華社會科學叢書

中國禮俗研究

作　　者／何聯奎　著
主　　編／劉郁君
美術編輯／鍾　玟

出 版 者／中華書局
發 行 人／張敏君
副總經理／陳又齊
行銷經理／王新君
地　　址／11494 臺北市內湖區舊宗路二段181巷8號5樓
客服專線／02-8797-8396　　傳　　真／02-8797-8909
網　　址／www.chunghwabook.com.tw
匯款帳號／兆豐國際商業銀行　東內湖分行
067-09-036932　中華書局股份有限公司

法律顧問／安侯法律事務所
製版印刷／維中科技有限公司　海瑞印刷品有限公司
出版日期／2017年3月五版
版本備註／據1983年9月四版復刻重製
定　　價／NTD 290

國家圖書館出版品預行編目（CIP）資料

中國禮俗研究 / 何聯奎著. — 五版. — 臺北市
: 中華書局, 2017.03
面 ; 公分. — (中華社會科學叢書)
ISBN 978-986-94064-9-9(平裝)

1.禮俗 2.中國

530.92　　105022784

NO.F2001
ISBN 978-986-94064-9-9（平裝）